W0298334

HEYNE BÜCHER

HEYNE KOCHBÜCHER

Claudia Latzel

Weihnachtliches Backen für Diabetiker

Die schönsten Weihnachtsrezepte, gesund und vollwertig

Originalausgabe

WILHELM HEYNE VERLAG
MÜNCHEN

HEYNE KOCHBUCH
07/4641

6. Auflage

Copyright © 1992
by Wilhelm Heyne Verlag GmbH & Co. KG, München
Printed in Germany 1998
Umschlaggestaltung: Atelier Ingrid Schütz, München
Umschlagfoto: Fotostudio Pete Eising, München
Innenfotos: Robert Bosch Hausgeräte GmbH, München (1);
Burda, München (3); Gruner & Jahr, Hamburg (7); Komplettbüro, München (1)
Zeichnungen: Designstudio Hannes Fleischer, München
Satz: Schaber Datentechnik, Wels
Druck und Bindung: RMO-Druck, München

ISBN 3-453-05766-X

INHALT

Abkürzungen und Erklärungen:

EL	= Eßlöffel	KH	= Kohlenhydrate
TL	= Teelöffel	BE	= Broteinheit
Msp	= Messerspitze	KJ	= Kilojoule
g	= Gramm	Kcal	= Kilokalorien

Hinweise zu den Rezepten:

Nährwertanalysen:

Bitte beachten Sie, daß bei sämtlichen Nährwerten die Zahlen gerundet sind

z.B. von 1,6 – 2,5 = 2
oder von 2,6 – 3,5 = 3

Verdoppeln von Rezepten:

Wer von den einzelnen Gebäcksorten größere Mengen backen möchte, kann selbstverständlich alle Rezepte verdoppeln bzw. vervielfachen.

Für Eilige und Ungeübte:

Im Sachgruppenregister mit * versehene Rezepte eignen sich besonders gut für Eilige und Ungeübte.

Vorwort

Zu Beginn der Adventszeit, wenn es draußen kalt ist und die Tage kürzer werden, beginnt es in vielen Häusern nach Weihnachten zu duften.
Es zieht uns in die Wärme, und um den Backofen entwickelt sich ein emsiges Schaffen und Vorbereiten für Weihnachten. Selbst mancher »Backmuffel« kann diesem besonderen Zauber nicht widerstehen und werkelt fleißig mit.
Man tauscht Rezepte untereinander aus, kramt nach alten Familienrezepten, sucht neue Ideen in Zeitschriften und Weihnachtsbüchern.
Diabetiker werden in dieser Beziehung etwas stiefmütterlich behandelt.
In diesem Buch möchte ich Ihnen zeigen, daß Sie sich trotz der Einschränkungen Ihrer Ernährung an dieser verheißungsvollen Zeit beteiligen können.
Aus naturbelassenen Zutaten können Sie eine Vielfalt an Diabetikergebäck und -konfekt herstellen. Traditionelle Rezepte wie Zimtsterne, Lebkuchen, Stollen und Gewürzplätzchen habe ich für die Diabetesernährung umgewandelt. Ebenso finden Sie in diesem Buch viele, eigens von mir entwickelte Rezepte.
Frisch gemahlenes Vollkornmehl bildet die Basis sämtlicher Rezepte. Zusammen mit naturbelassenen Fetten, aromatischen Gewürzen und Nüssen verleiht es dem Gebäck einen besonderen Geschmack. Entgegen manchem Vorurteil werden Sie feststellen, daß viele Bäckereien durch das nussige Aroma des Vollkornmehls geschmacklich gewinnen. Wichtig ist dabei: Es muß so fein wie möglich gemahlen sein!

Der Rezeptteil bietet Ihnen Zöpfe, Stollen und Kuchen für den Adventskaffee, Torten zum Fest und eine große Auswahl der schönsten Plätzchen und Pralinen.
Weckenmänner, Adventskalender, Nikolaussäckchen, Puffreiskugeln für den Weihnachtsbaum, Marzipanherzen als Baumschmuck und allerlei weihnachtliche Ideen sind als kleine Überraschungen für Freunde oder die Familie gedacht.
Ein besonderes Anliegen war es mir, für Diabetiker, die Süßungsmittel in jeder Form meiden oder stark einschränken möchten, eine feine Auswahl an pikantem Weihnachtsgebäck zu kreieren. Mit Spritzgebäck, Sternen aus Quark-Blätterteig, Käsestangen und Kümmelbrezelchen sowie frischem Obst und Nüssen können Sie einen ansprechenden bunten Teller zusammenstellen.
Herzhafte Partytörtchen, Champignontaschen, würzige Gemüsekuchen und -pasteten für gemütliche Winterabende oder fürs Silvesterbuffet runden das Buch ab.
In allen Kapiteln dieses Buches finden Sie zahlreiche Vorschläge für die cholesterinarme Diabetesdiät (siehe Register S. 223).
Die große Auswahl an Backideen in diesem Buch soll Sie dazu »verleiten«, sich unabhängiger von der Diabetes-Diät-Industrie zu machen. Denn abgesehen davon, daß viele Diabetikersüßwaren übersüßt und zu fetthaltig sind, können diese bezüglich Rohstoffqualität und Frische einem Vergleich mit diesen Diabetikerbäckereien nicht standhalten. Von der Liebe, die Sie in die Plätzchen hineinbacken, gar nicht zu reden.
Wichtig finde ich es, daß das Backen, besonders wenn die ganze Familie beteiligt ist, allen Vergnügen bereitet. Suchen Sie dafür besser unkomplizierte Rezepte aus (siehe Register S. 225) und ärgern Sie sich nicht, wenn die Plätzchen nicht so perfekt werden, wie wenn Sie sie allein gebacken hätten. Sie werden feststellen, daß sich durch dieses gemeinschaftliche Backen Aversionen gegen Vollkorn am besten abbauen lassen.
Übrigens, mir ist in meinen Backkursen schon aufgefallen, daß sich viele Männer zu begeisterten »Bäckern« entpuppen, wenn man sie an den Ofen läßt.

Backtrennpapier

Für sehr zartes, zerbrechliches Gebäck ist Backtrennpapier erforderlich. Genausogut können Sie dafür eingefettetes Pergamentpapier verwenden. Mir persönlich ist letzteres sympathischer, da es nicht beschichtet ist. Die Fetteinsparung durch beschichtetes Backtrennpapier ist nicht der Rede wert.
Wird das Backblech mit Backtrennpapier bzw. Pergamentpapier ausgelegt, tupfen Sie in großen Abständen etwas Fett auf das Backblech. So bleibt das Papier schön haften.
»Robustere« Plätzchen werden direkt auf dem, zumeist eingefetteten, Blech gebacken.

Flockenquetsche

Um frische Haferflocken herzustellen, verwendet man eine Flokkenquetsche. Im Gegensatz zu den handelsüblichen Flocken, bleiben hierbei die wertvollen Inhaltsstoffe des Getreides in vollem Umfang erhalten. Gekaufte Flocken müssen unter Hitzeeinwirkung gequetscht werden, um sie haltbar zu machen.

Formen und andere wichtige Utensilien für die Weihnachtsbäckerei

Sie brauchen verschiedene Ausstechförmchen, eventuell auch Modeln für spezielles Gebäck, außerdem Wellholz, Teigrädchen, Backpinsel, Spritzbeutel mit verschiedenen Tüllen, eine gedrehte Spritztüte aus Pergamentpapier (siehe untenstehende Zeichnung) und ein Kuchengitter. Für Kuchen und Torten eine Springform mit 26 cm Ø, für Minitorten eine Springform mit 18 cm Ø, eine

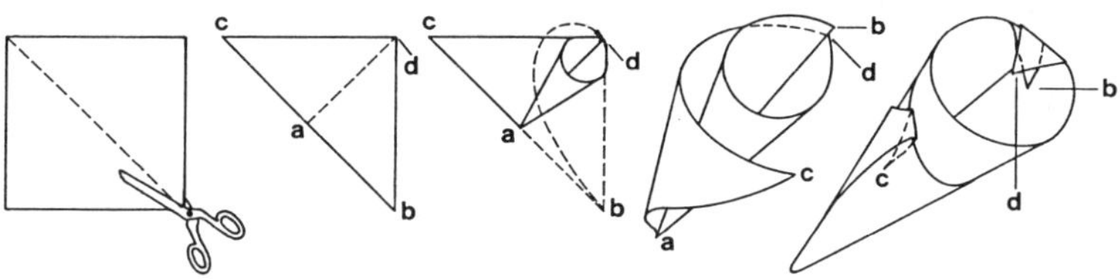

Kastenform mit 20 cm und eine mit 30 cm Länge. Außerdem eine Napfkuchenform mit 20 cm Ø. Für Schokoladenspäne benötigen Sie einen Metallspatel. Zum Lösen der Plätzchen vom Blech ist eine Palette praktisch. Für Konfekt empfehlen sich weiße oder bunte Pralinenkapseln.

Getreidemühle

Wer viel mit Vollkorn bäckt und kocht, für den kann sich eine eigene Getreidemühle schon lohnen. Ansonsten lassen Sie sich das Getreide im Naturkostladen oder Reformhaus frisch mahlen und verbrauchen es sobald wie möglich.
Für alle Rezepte habe ich das Getreide in einer Getreidemühle mit Steinmahlwerk bei feinster Stufe gemahlen. Das Mehl wird dabei sehr fein und flockig.
Verwenden Sie gröber gemahlenes Getreide, kann das Backergebnis stark darunter leiden. Die Teigbeschaffenheit verändert sich, und das Gebäck wird bröckelig und hart.

Küchenmaschine

Eine Küchenmaschine oder ein elektrisches Handrührgerät sind für das Rühren und Kneten von Teig sehr praktisch.
Zum Unterziehen von Eischnee oder Mehl verwenden Sie bitte einen Kochlöffel oder Teigschaber, damit die Masse luftig bleibt.
Nüsse und Mandeln mahle ich immer frisch. Dafür eignet sich ein Mixbecher, ein elektrisches Schlagwerk oder natürlich eine handbetriebene Mandelmühle.
Marzipan gelingt am besten, wenn Sie die geschälten Mandeln dafür im elektrischen Schlagwerk (auch als Aufsatz für Küchenmaschinen erhältlich) mehlfein mahlen.

Waage

Zum Gelingen dieser Rezepte ist eine genaue Küchenwaage unerläßlich. Ich verwende dafür eine Digitalwaage mit Netzanschluß und einem Wiegebereich bis 2 kg.

Mandelspekulatius (Rezept Seite 44)

Weihnachtliche Gewürze

Gewürze spielen bei der Weihnachtsbäckerei eine wichtige Rolle. Heute sind Gewürze aus aller Herren Länder fast überall erhältlich. Kaufen Sie besser kleinere Mengen an Gewürzen und verbrauchen Sie diese rasch.
Besonders aromatisch sind sämtliche Gewürze, wenn sie unmittelbar vor Gebrauch
mit dem Mörser zerstoßen (Anis, Kardamom, Koriander, Piment, Nelken)
im Mixer pulverisiert (Zimtstangen)
oder auf einer kleinen Reibe gerieben werden (Ingwerwurzel, Muskatnuß).

ANIS ist eines der ältesten Gewürze der Welt. Anis, der süßlich schmeckende Samen eines Doldengewächses, ist ein exotischer Gast, der bei uns heimisch geworden ist. Er ist reich an ätherischen Ölen und intensiv im Geschmack. Ein unerläßliches Gewürz bei der Zubereitung von Lebkuchen, Früchtebrot und Gewürzplätzchen.

INGWER, dessen Name aus dem Südostasiatischen stammt, ist eine Pflanzenwurzel mit einem intensiven, fruchtig-scharfen Aroma. Ingwer erhalten Sie frisch oder getrocknet, in Sirup eingelegt oder kandiert (für Diabetiker nicht geeignet) und pulverisiert.

KARDAMOM ist der Samen aus den Fruchtkapseln einer Ingwerpflanze. Die kleinen Samen werden aus dem Inneren der Kapseln gelöst, im Mörser zerstoßen oder gemahlen. Kardamom schmeckt blumig-feurig und hebt das Aroma anderer Gewürze. Wichtig für Lebkuchen, Stollen und Konfekt.

KORIANDER wird seit Menschengedenken als Gewürz und Heilpflanze verwendet. Sein mild-aromatischer Geschmack macht ihn zu einem wichtigen Gewürz für Spekulatius, Lebkuchen und andere würzige Gebäcksorten.

LEBKUCHENGEWÜRZ ist eine Mischung aus Zimt, Muskatnuß, Nelken, Piment, Anis, Ingwer, Kardamom und Koriander.

MUSKATBLÜTE ist der getrocknete Samenmantel der Muskatnuß. Muskatblüte, auch Macis genannt, würzt mild aromatisch und nicht so kräftig wie Muskatnuß.

MUSKATNUSS entwickelt auf der Muskatreibe frisch gemahlen einen intensiv feurig-würzigen Geschmack. Für Lebkuchen und Gewürzkuchen.

NELKEN (Gewürznelken) sind die getrockneten Blütenknospen des Gewürznelkenbaumes. Sie würzen stark und übertönen alles andere, daher sparsam dosieren. Ein unerläßliches Gewürz für alle Lebkuchen und Gewürzplätzchen.

PIMENT, auch Nelkenpfeffer genannt, ist eine unverzichtbare Zutat für alle Gewürzplätzchen, Stollen und Lebkuchen.

VANILLE, auch Vanillestange, ist die Fruchtschote einer tropischen Orchideenart. Bekannteste Sorte: Bourbonvanille. Man verwendet das herausgekratzte Mark oder die pulverisierte Schote (Vanillepulver). Das Ersatzprodukt Vanillin wird künstlich hergestellt.

ZIMT, auch Canehl genannt, ist die getrocknete Innenrinde des Zimtbaums und gehört zu den wichtigsten Gewürzen für die Weihnachtsbäckerei. Zimt wird gemahlen oder als Zimtstange angeboten. Besonders aromatisch schmeckt er, wenn Sie die Zimtstangen vor dem Gebrauch im Mixer pulverisieren.

Backzutaten von A bis Z

Für den Geschmack und die Wirkung des Gebäcks ist die Qualität der Zutaten entscheidend. Achten Sie daher bitte auf frische, einwandfreie Zutaten. Grundnahrungsmittel wie Getreide, Gemüse, Obst, Nüsse und Milchprodukte verwende ich, soweit möglich, aus kontrolliert biologischem Anbau (zum Beispiel Demeter- oder Biolandprodukte).

ALKOHOL

Einige Spritzer Rum oder Cognac nehme ich zum Verfeinern einiger Bäckereien oder Pralinen. In allen Fällen habe ich eine alkoholfreie Alternative angegeben.

BACKOBLATEN

Backoblaten dienen als Unterlage für Lebkuchen und Makronen. Sie werden mittlerweile fast überall in sämtlichen Größen auch als Vollkornoblaten angeboten. Backoblaten sind so leicht, daß sie bezüglich Kohlenhydrate und Kalorien nicht ins Gewicht fallen, und somit auch nicht berechnet werden müssen.

BACKPULVER

Zum Backen verwende ich Weinsteinbackpulver. Dieses wird aus natürlicher Weinsteinsäure, aus Holzweinfässern, gewonnen. Weinsteinbackpulver gibt es im Naturkostladen oder Reformhaus.

BIOBIN

BE-freies Bindemittel aus den gemahlenen Kernen des Johannisbrotes zum Andicken von warmen und kalten Speisen. Biobin eignet sich auch zum Steifschlagen von Sahne. Im Reformhaus erhältlich.

BUTTER

Butter ist das feinste Backfett. Es kann jederzeit ganz oder teilweise gegen Diätmargarine ausgetauscht werden (außer bei Pralinen und Plundergebäck).

CAROB

Carob ist das feingemahlene Pulver aus der Frucht des Johannisbrotbaums. Es kann anstelle von Kakao verwendet werden, hat aber einen mild-süßlichen Geschmack. Carob muß wegen der Kohlenhydrate einberechnet werden.

DIABETIKERMARMELADE

In einigen Rezepten verwende ich Diabetikermarmelade, die mit Fruchtzucker gesüßt wird. Bitte beachten Sie bei den Rezepten, daß ich dabei von einem durchschnittlichen Kohlenhydratgehalt von 12 g Kh/25 g Marmelade ausgegangen bin.

DIABETIKERSCHOKOLADE

Für einige Bäckereien benötigen Sie Diabetikerschokolade. Damit die Nährwertberechnung stimmt, wählen Sie Schokoladensorten (Vollmilch, Zartbitter oder eine weiße Schokolade) aus, bei der 100 g 4 BE entsprechen.

DIÄTMARGARINE

Wer keine Butter verwenden kann oder möchte, findet bei sämtlichen Rezepten ungehärtete Diätmargarine als Alternative. Diätmargarine aus dem Reformhaus wird nicht gehärtet und nicht umgeestert und enthält ca. 60 Prozent mehrfach ungesättigte Fettsäuren.

DINKEL

Der Dinkel ist die Urform des Weizens. Mit seinem besonders hohen Kleberanteil und seinem leicht nussigen Geschmack ist er für feines Gebäck besonders geeignet.

EIER

Eier sollten möglichst von freilaufenden Hühnern stammen. Wenn in den Rezepten nicht anders angegeben, sollten mittelgroße Eier der Gewichtsklasse 3 (60—65 g) verwendet werden.

FRUCHTZUCKER

Fruchtzucker muß wegen seiner Kohlenhydrate und Kalorien in der Diabetesdiät berücksichtigt werden. Er wird im allgemeinen gut vertragen. Beim Backen beachten Sie bitte, daß Gebäck aus Fruchtzucker schnell bräunt. In diesem Fall das Gebäck mit Pergamentpapier oder Alufolie abdecken.

HAFER

Hafer ist ein besonders wertvolles Getreide für Diabetiker. Er enthält Schleimstoffe, die die schnelle Resorption des Hafers vom Darm ins Blut hemmen. Außerdem besteht ein Teil seiner Kohlenhyedrate aus Fruchtzucker, der insulinsparend verwertet werden kann. Auch einem erhöhten Cholesterinspiegel kann mit Hafer entgegengewirkt werden. In sämtlichen Rezeptgruppen dieses Buches finden Sie Haferflockengebäck. (Siehe auch Flockenquetsche S. 15).

HASELNÜSSE

siehe unter MANDELN UND NÜSSE

HEFE

Für verschiedenes Kleingebäck, Stollen und Zöpfe wird Hefe verwendet. Ich bevorzuge frische Hefe, die erfahrungsgemäß eine bessere Triebkraft besitzt als die Trockenhefe. Durch das Backen mit Vollkornmehl erübrigt sich die Bereitung eines Vorteiges, da die im frisch gemahlenen Vollkornmehl reichlich vorhandenen Vitamine den Hefezellen genügend Nahrung bieten und sich diese deshalb besser entwickeln können als im Hefeteig aus Auszugsmehl.

HIRSCHHORNSALZ

Das Hirschhornsalz ist Ammoniumcarbonat. Es ist ein Lockerungs- und Treibmittel, das sich nur für trockene, würzige Flachgebäcke eignet, denn in größeren Gebäckstücken kann ein Ammoniakgeschmack zurückbleiben.

HIRSE

Die Hirse ist ein mineralstoffreiches Getreide, das sich besonders auf den Kieselstoffwechsel im Menschen auswirkt. Hirse allein ist nicht backfähig. Doch Mürbeteiggebäck, in dem ein Drittel bis ein Viertel des Weizenvollkornmehls durch feingemahlene Hirse ersetzt wird, bekommt eine knusprige und »sandige« Beschaffenheit.

KOKOSFETT

Das Kokosfett ist ein schwerverdauliches Fett mit einem hohen Anteil an gesättigten Fettsäuren und sollte daher in der Diabetesdiät wenig verwendet werden. Es wird für Schokoladenglasuren benötigt, kann jedoch auch durch die gleiche Menge Butter ersetzt werden. Im Reformhaus und Naturkostladen ist ein Kokosfett erhältlich, das nicht chemisch gehärtet ist.

MANDELN UND NÜSSE

Mandeln und Nüsse, wie Haselnüsse, Paranüsse, sind relativ kohlenhydratarm. Sie sind jedoch fettreich und enthalten einen hohen Anteil an mehrfach ungesättigten Fettsäuren. Besonders bei Übergewicht sollten sie sehr maßvoll verwendet werden. Achten Sie bei der Weihnachtsbäckerei darauf, daß Sie Nüsse aus neuer Ernte enthalten. Mandeln und Nüsse möglichst ganz kaufen, gemahlene enthalten Konservierungsmittel, und kurz vor dem Gebrauch frisch mahlen. Zu »Mahlen« siehe bitte unter dem Stichwort »Küchenmaschine« S. 16 und zu »Rösten« S. 30.

MARZIPAN

Diabetikermarzipan ist im Handel kaum erhältlich. Da die Zubereitung von Marzipan aufwendig ist, lohnt es sich, gleich mehrere Portionen (s. S. 118) Marzipan auf einmal herzustellen und luftdicht in Frischhaltefolie verpackt an einem kühlen Platz zu lagern. Vor dem Gebrauch das Marzipan gut durchkneten, damit es wieder elastisch und formbar wird.

MOHN

Der Blaumohn wird aus dem Samen der Mohnpflanze gewonnen. Gemahlener Mohn wird schnell ranzig und sollte daher nur kurz und kühl gelagert werden.

NÜSSE

siehe unter MANDELN UND NÜSSE

ORANGENSCHALE

und Zitronenschale geben Gebäck eine fein-fruchtige Note. Dafür sollten Sie ausschließlich Zitronen und Orangen mit unbehandelter Schale verwenden und nicht die weiße Haut mitreiben. Zitrusfrüchte vor dem Gebrauch trotzdem mit heißem Wasser abwaschen und gut abtrocknen.

PINIENKERNE

Pinienkerne sind weiße, länglich-ovale Samenkerne der Pinienkiefer. Pinienkerne haben einen mandelähnlichen Geschmack und können daher durch geschälte Mandeln ersetzt werden. Pinienkerne eignen sich gut zum Verzieren von Gebäck.

PISTAZIEN

Pistazien sind längliche, hell- bis dunkelgrüne Samenkerne des Pistazienbaumes. Geschälte und ungesalzene Pistazienkerne sind ziemlich teuer. Sie werden gerne zum Verzieren von Pralinen, Torten und Gebäck verwendet.

POTTASCHE

Pottasche ist ein Backtriebmittel, das säurehaltige oder säurebildende Teige auflockert. Es treibt die Teige, im Gegensatz zu Backpulver, beim Backen eher in die Breite als in die Höhe und ist daher für Lebkuchenteige besonders gut geeignet.

ROGGEN

Roggen ist eher ein Brotgetreide. In der Weihnachtsbäckerei wird Roggen aber auch gerne für Früchtebrot oder Lebkuchen verwendet.

ROSENWASSER

Rosenwasser ist ein Kondensat, das bei der Herstellung von Rosenöl entsteht. Es eignet sich vor allem zum Abschmecken von Marzipan. Rosenwasser erhalten Sie in der Apotheke.

SEMMELBRÖSEL (PANIERMEHL)

Semmelbrösel aus Vollkornmehl können Sie in Vollkornbäckereien, im Naturkostladen oder Reformhaus kaufen. Oder selbermachen: Altbackene Vollkornbrötchen, Vollkornbrot (beides muß gut trocken sein) oder ungesüßten Vollkornzwieback oder Vollkornknäcke (ohne Samen, Gewürze) in den Mixer geben und fein mahlen. Luftdicht lagern. 1 BE Vollkornsemmelbrösel entsprechen ca. 20 g.

SESAM

Sesam sind die Samen der Sesampflanze. Leichtes Anrösten ohne Fett macht den Sesam noch aromatischer. Sesam wird gerne zum Bestreuen von Gebäck verwendet.

TROCKENFRÜCHTE

Durch den Wasserentzug beim Trocknen verlieren sämtliche Früchte ca. 80 Prozent ihres Gewichtes, der Nährstoffgehalt jedoch bleibt gleich. Das heißt, der Nährstoffgehalt, vor allem der Kohlenhydratgehalt, von 20 g Trockenfrüchten entspricht dem von ca. 100 g frischen Früchten.
Der höhere und konzentrierte Kohlenhydratgehalt von Trockenfrüchten war der Grund, daß Trockenfrüchte lange Zeit für Diabetiker tabu waren. Dies hat sich jetzt etwas gelockert. Trockenfrüchte von Obst, das sich auch frisch für Diabetiker gut eignet (wie Äpfel, Aprikosen, Pflaumen, Feigen), können in kleiner Menge, z.B. in Teigen, unter Anrechnung ihrer Kohlenhydrate für die Diabetesernährung verwendet werden. 20 g getrocknete Äpfel, Aprikosen, Birnen, Pflaumen oder Feigen werden mit 1 BE berechnet. Getrocknete Bananen, Datteln, Rosinen und Korinthen sind nach wie vor für Diabetiker nicht geeignet.
Damit keine Mißverständnisse entstehen: Frische Früchte sind für die Diabetesernährung grundsätzlich empfehlenswerter, für Früchtebrot oder einen Zopf kann jedoch unter Berücksichtigung von Kohlenhydraten und Kalorien durchaus einmal etwas Trockenobst verarbeitet werden.

VOLLMEERSALZ

Im Gegensatz zum üblichen Speisesalz, das hauptsächlich aus Natriumchlorid besteht, enthält Vollmeersalz Salz und Spurenelemente, wie sie in der gleichen Zusammensetzung im Meerwasser zu finden sind.

WALNÜSSE

siehe unter MANDELN UND NÜSSE

WEIZEN

Der Weizen ist das ideale Getreide für feine Backwaren. Näheres siehe im Kapitel »Was Sie über das Backen mit Vollkorn wissen sollten«, S. 10.

ZITRONENSCHALE

siehe unter ORANGENSCHALE

Noch ein paar Kniffe

Filieren

Für besonders feine Torten werden Orangen filetiert. Dafür die Orangenschale mit einem Messer großzügig schälen, so daß die weiße Haut ebenfalls entfernt wird. Mit einem kleinen Messer die Orangenfilets vorsichtig aus den Häutchen schneiden.

Garprobe (Stäbchenprobe)

Um bei Rührkuchen festzustellen, ob sie durchgebacken sind, sollten Sie 5–10 Minuten vor Ende der Backzeit die Garprobe machen: Stechen Sie mit einem Holzstäbchen oder einer Stricknadel in den Kuchen. Wenn nichts hängenbleibt, ist der Kuchen durchgebacken.

Glasieren

Zuckerglasuren sind für Diabetikergebäck ungeeignet. Wenn Glasieren, dann mit einer Schokoladenglasur aus weißer Schokolade, Vollmilch- oder Zartbitterschokolade, die mit Fruchtzucker gesüßt ist. 100 g Schokolade sollten 4 BE entsprechen.
Für ca. 100 g Glasur werden 10 g Kokosfett in einem kleinen Kochtopf bei kleiner Hitze geschmolzen. Dann 100 g Schokolade in kleine Stücke hacken und portionsweise im gut handwarmen Kokosfett unter Rühren auflösen.
Ist das Kokosfett zu heiß, löst sich die Schokolade nicht, sondern klumpt.

Portionieren

Beim Ausprobieren der Rezepte kann es gut sein, daß Sie eine größere oder kleinere Anzahl Plätzchen aus dem Teig herausbekommen als es bei mir der Fall war. Dann ermitteln Sie einfach das Gesamtgewicht des fertigen Gebäcks und teilen es durch die Gesamt-BE. So erhalten Sie die Plätzchenmenge (in g), die einer BE entspricht.

Rösten

Um den Eigengeschmack von Nüssen und Mandeln zu verstärken, können diese leicht angeröstet werden.
Kleine Mengen von Nüssen mahlen und in einer trockenen Pfanne bei kleiner Hitze unter Wenden anrösten, bis sie würzig duften.
Größere Nußmengen im vorgeheizten Backrohr bei 175 °C unzerkleinert 5–10 Minuten auf einem Backblech leicht anrösten, dann abkühlen lassen. Gegebenenfalls mahlen.
Geschälte Mandeln entwickeln einen besonders feinen Geschmack, wenn sie leicht gebräunt werden. Wie Nüsse mahlen oder ganz rösten.

Kohlenhydrat-Austauschtabellen vollwertiger Nahrungsmittel mit Kalorienangabe

Die Mengen entsprechen jeweils 12 g KH (1 BE)

Getreide und Getreideerzeugnisse

17 g Buchweizen bzw. Buchweizenvollkornmehl	KJ: 243/Kcal: 58
20 g Gerste bzw. Gerstenvollkornmehl	KJ: 243/Kcal: 58
19 g Grünkern bzw. Grünkernvollkornmehl	KJ: 254/Kcal: 61
20 g Hafer bzw. Hafervollkornmehl	KJ: 300/Kcal: 73
17 g Hirse	KJ: 252/Kcal: 60
15 g Vollkornreis	KJ: 230/Kcal: 55
15 g Puffreis bzw. Reiscräcker aus Vollkornreis, ungesüßt	KJ: 234/Kcal: 56
22 g Roggen bzw. Roggenvollkornmehl	KJ: 243/Kcal: 58
20 g Weizen bzw. Weizenvollkornmehl, Dinkel	KJ: 270/Kcal: 70

Nüsse und Samen

140 g Erdnüsse, frisch	KJ: 3339/Kcal: 792
135 g Erdnüsse, geröstet	KJ: 3284/Kcal: 785
113 g Haselnüsse	KJ: 3040/Kcal: 727
130 g Mandeln	KJ: 3233/Kcal: 773
150 g Mohnsamen	KJ: 3019/Kcal: 722
96 g Pistazien	KJ: 2402/Kcal: 574
118 g Sesamsamen	KJ: 2814/Kcal: 673
144 g Sonnenblumenkerne	KJ: 3507/Kcal: 838
100 g Walnußkerne	KJ: 2787/Kcal: 666

Obst (Rohware, eßbarer Anteil)

90 g Ananas	KJ: 215/Kcal: 51
90 g Ananassaft, ungesüßt	KJ: 211/Kcal: 50
110 g Apfel, mit Schale	KJ: 230/Kcal: 55
100 g Apfel, geschält	KJ: 219/Kcal: 52
125 g Apfelsine (Orange)	KJ: 230/Kcal: 55
116 g Aprikose	KJ: 230/Kcal: 55
120 g Birne	KJ: 230/Kcal: 55
50 g Banane	KJ: 209/Kcal: 50
137 g Brombeeren	KJ: 281/Kcal: 67
190 g Erdbeeren	KJ: 262/Kcal: 63
90 g Heidelbeeren	KJ: 328/Kcal: 78
205 g Himbeeren	KJ: 275/Kcal: 66
150 g Johannisbeeren, rot	KJ: 239/Kcal: 57
115 g Johannisbeeren, schwarz	KJ: 236/Kcal: 56
130 g Johannisbeeren, weiß	KJ: 218/Kcal: 52
95 g Kirschen, süß	KJ: 235/Kcal: 56
115 g Kirschen, sauer	KJ: 243/Kcal: 58
115 g Kiwi	KJ: 243/Kcal: 58
115 g Mandarinen	KJ: 217/Kcal: 52
140 g Pfirsich	KJ: 230/Kcal: 55
100 g Pflaumen	KJ: 213/Kcal: 51
222 g Preiselbeeren	KJ: 279/Kcal: 67
115 g Stachelbeeren	KJ: 226/Kcal: 54
20 g Trockenfrüchte (Aprikosen, Äpfel, Feigen, Pflaumen), im Durchschnitt	KJ: 215/Kcal: 51

Milch und Milchprodukte

240 g Milch (3,5% Fett)	KJ: 643/Kcal: 154
300 g Buttermilch	KJ: 439/Kcal: 105
240 g Joghurt, Kefir, Dickmilch, Sauermilch (3,5% Fett)	KJ: 613/Kcal: 146

Zuckeraustauschstoffe, Diabetikermarmelade

28 g Carobpulver	KJ: 630/Kcal: 151
12 g Fruchtzucker	KJ: 200/Kcal: 48
12 g Diabetikerzucker (Sorbit)	KJ: 200/Kcal: 48
25 g Diabetikermarmelade, mit Fruchtzucker gesüßt, im Durchschnitt	KJ: 209/Kcal: 50
25 g Diabetikerschokolade, mit Fruchtzucker gesüßt	KJ: 577/Kcal: 138

Vollständige Ausgabe siehe »Die große Nährwerttabelle«, Gräfe und Unzer Verlag, München

Kakao-Nußkipferl (Rezept Seite 52)

DIE REZEPTE

Buttergebäck

Als Buttergebäck bezeichnet man Gebäck aus Rührteig, vor allem jedoch aus Mürbeteig. Im Gegensatz zu anderem Weihnachtsgebäck schmeckt Buttergebäck frisch gebacken am allerbesten. Damit Ihre Plätzchen so gelingen wie sie sein sollen: knusprig und trotzdem zart schmelzend, sollten Sie bei der Zubereitung folgende Punkte besonders beherzigen:

- Den Mürbeteig mit kalten Zutaten (Butter oder Margarine, Wasser, Ei) bereiten und mit kühlen Händen (unter dem Wasserhahn kühlen) rasch zu einem glatten Teig verkneten.
- Für die Teigruhe den Teig zu einer Kugel formen, in eine tiefe Schale oder Schüssel legen, mit einem flachen Teller abdecken und kühl stellen. So sparen Sie Folie.
- Die Teigruhe einhalten, damit das Vollkornmehl Zeit hat auszuquellen und seinen Kleber zu entwickeln.
- Wer nicht genügend Ausstechförmchen hat, kann auch scharfkantige Gläser, Tassen, Apfelausstecher, Puppengeschirr etc. verwenden.
- Den Mürbeteig unter Frischhaltefolie oder Pergamentpapier auf leicht bemehlter Arbeitsfläche auswellen. Erfahrungsgemäß wird auf diese Weise so wenig Mehl benötigt, daß es nicht berechnet werden muß.
- Buttergebäck ist fertig gebacken, wenn es außen knusprig ist und innen noch einen weichen Kern hat. Denn es gart beim Auskühlen noch nach.

- Nach dem Auskühlen das Gebäck sofort luftdicht verpacken, damit es knusprig bleibt. Fruchtzucker wirkt stark wasseranziehend, deshalb neigt Diabetikergebäck leicht zum Weichwerden. In diesem Fall die Plätzchen bei 180 °C ca. 5 Minuten wieder knusprig backen.

Viererlei Spritzgebäck

Butter-S, Schokoladenkringel, Ingwerstreifen und Pistazienrosetten; alles aus einem Grundteig.
Wer weniger backen möchte, halbiert das Rezept und wählt zwei Sorten aus. Besonders fein finde ich die Pistazienrosetten und die Schokoladenkringel.

Zutaten für 2 Backbleche:
250 g weiche Butter oder ungehärtete Diätmargarine
155 g Fruchtzucker · 2 Eigelb · 2 EL Rum
12–13 EL Sahne · 380 g Weizenvollkornmehl
FÜR DIE SCHOKOKRINGEL:
2 gestrichene TL Kakaopulver · 1 Msp Zimtpulver
1 Msp Vanillepulver · ½ EL Sahne
FÜR DIE INGWERSTREIFEN:
1½ TL gemahlener Ingwer · 1 Msp Zimtpulver
FÜR DIE PISTAZIENROSETTEN:
1 EL Orangensaft · Schale von ½ Orange
1 gestrichenen EL Pistazien, mehlfein gemahlen

Butter und Zucker schaumig rühren. Nacheinander die Eigelb unterrühren.

Rum, Sahne und Mehl rasch unterarbeiten. Der Teig muß recht fest, darf jedoch nicht krümelig sein. Gegegenenfalls etwas Sahne unterrühren.
Den Teig abwiegen, vierteln und bei 3 Portionen die jeweiligen Zutaten schnell unterrühren.
Die Bleche nicht einfetten. Den Backofen auf 180 °C vorheizen.
Die Teige nacheinander in den Spritzbeutel mit Sterntülle oder eine Gebäckspritze füllen und die jeweiligen Formen mit etwas Abstand auf das Blech spritzen.
Bei 180 °C die Plätzchen je nach Größe 20–30 Minuten backen. Immer wieder nachschauen, damit die Schokoladenkringel nicht zu dunkel werden. Die Plätzchen sind fertig, sobald die Oberfläche knusprig und innen der Kern noch weich ist.
Die Plätzchen auf einem Gitter auskühlen lassen.
Die verschiedenen Sorten möglichst getrennt luftdicht aufbewahren.
Die gesamte Plätzchenmenge wiegen (ca. 780 g) und durch die gesamte BE-Menge (32 BE) teilen. Ca. 24 g Spritzgebäck entsprechen 1 BE).

Nährwert für 24 g Spritzgebäck:
Eiweiß: 2 g · Fett: 9 g · KH: 12 g · BE: 1 · KJ: 597/Kcal: 143

Nährwert des ganzen Rezepts:
Eiweiß: 58 g · Fett: 307 g · KH: 393 g · BE: 32 · KJ: 19095/ Kcal: 4564

Terassen

Zutaten für 2 Backbleche (32 Stück):

40 g Mandeln

100 g kalte Butter oder ungehärtete Diätmargarine

160 g Weizenvollkornmehl · 48 g Fruchtzucker

Schale von ½ unbehandelten Zitrone

4–5 EL kaltes Wasser oder Milch

FÜR DIE FÜLLUNG:

100 g Aprikosen- oder Johannisbeermarmelade (mit Zucker gesüßt)

Die Mandeln fein mahlen.

Die Butter klein würfeln. Mit einem großen Messer Butter, Mandeln, Mehl, Zucker, Zitronenschale und Wasser zu Streuseln hakken. Dann mit den Händen rasch zu einem glatten Teig verkneten. Den Mürbeteig abgedeckt 30 Minuten kühl stellen.

Den Backofen auf 180 °C vorheizen.

Die Arbeitsfläche leicht mit Vollkornmehl bestäuben und darauf den Teig unter Folie (am besten portionsweise) 2–3 mm dick auswellen. 32 Plätzchen mit 4,5 cm Ø und 32 Plätzchen mit 4 cm Ø ausstechen und auf das Blech legen.

Die Plätzchen bei 175 °C 14–15 Minuten hellbraun backen. Die Rückseite der kleinen Plätzchen noch heiß mit der Marmelade bestreichen und auf die größeren setzen.

Die Terassen auf einem Kuchengitter auskühlen lassen.

Luftdicht verschlossen aufbewahren.

2 Terassen entsprechen 1 BE.

Nährwert für 1 Plätzchen:

Eiweiß: 1 g · Fett: 3 g · KH: 6 g · BE: 0,5 · KJ: 243/Kcal: 58

Nährwert des ganzen Rezepts:

Eiweiß: 26 g · Fett: 108 g · KH: 197 g · BE: 16 · KJ: 7799/Kcal: 1864

Variante: Wenn Sie den Mürbeteig mit 3/4 TL Zimtpulver und 1 guten Msp gemahlenen Nelken würzen, können Sie **Linzer Kränzchen** zubereiten. Dafür 64 Plätzchen à 4,5 cm Ø ausstechen und in der Mitte der Plätzchen ein kleines Loch ausstechen (z.B. mit einem Apfelausstecher). Die Ringe wie oben backen und jeweils zwei mit Marmelade füllen. Nährwert wie Terassen.

Vanillekipferl

Zutaten für 1 Backblech (64 Stück):

40 g Mandeln

100 g kalte Butter oder ungehärtete Diätmargarine

160 g Weizenvollkornmehl · 35 g Fruchtzucker

4–5 EL kaltes Wasser oder Milch

Zum Wälzen:

25 g Fruchtzucker · 1/4 TL Vanillepulver

Die Mandeln fein mahlen.

Die Butter in kleine Stücke schneiden. Mandeln, Mehl, Fruchtzucker und Wasser dazugeben und mithacken, bis die Masse eine streuselartige Beschaffenheit hat. Dann die Krümel mit den Händen rasch zu einem glatten Teig verkneten. Den Mürbeteig abgedeckt 30 Minuten im Kühlschrank ruhen lassen.

Den Backofen auf 180 °C vorheizen.

Den Teig halbieren und beide Portionen in 32 cm lange Teigstränge rollen. Mit einem Messer 1 cm breite Scheiben abschneiden und diese zu Hörnchen formen. Die Hörnchen auf das Blech setzen und bei 180 °C 14–15 Minuten hellbraun backen.

Inzwischen den Fruchtzucker mit der Vanille mischen.

Die heißen Vanillekipferl sofort nach dem Backen im Vanillezukker wälzen und auf einem Kuchengitter auskühlen lassen.
In einer Blechdose luftdicht verschlossen aufbewahren.
5 Vanillekipferl entsprechen 1 BE.

Nährwert für 1 Vanillekipferl:
Eiweiß: 1 g · Fett: 2 g · KH: 2,5 g · BE: 0,2 · KJ: 112/Kcal: 27

Nährwert des ganzen Rezepts:
Eiweiß: 26 g · Fett: 108 g · KH: 161 g · BE: 13 · KJ: 7196/Kcal: 1720

Heidesand

Zutaten für 42 Plätzchen:

125 g weiche Butter · 60 g Fruchtzucker
1 Msp Vanillezucker
60 g geschälte Mandeln, mehlfein gemahlen
170 g Weizenvollkornmehl

Die Butter schaumig schlagen. Fruchtzucker und Vanille zugeben und weiterrühren, bis die Masse hell und cremig ist. Die Küchenmaschine oder das Handrührgerät abstellen. Mit kalten nassen Händen rasch die Mandeln und das Mehl mit der Butter verkneten. Ist der Teig zu trocken, die Hände mehrmals mit kaltem Wasser befeuchten. Der Teig muß nun leicht formbar sein, darf aber nicht mehr kleben.
Den Teig wiegen, halbieren und 2 Rollen à 21 cm formen. Die Teigstränge in Pergamentpapier einschlagen und 30–60 Minuten in den Kühlschrank legen.
Das Blech einfetten. Den Backofen auf 160 °C vorheizen.

Die Teigstränge in 1 cm dicke Scheiben schneiden. Die Teigscheiben an den Kanten etwas rund drücken und auf das Blech setzen. Die Plätzchen mit einer Gabel etwas flachdrücken, dabei entsteht ein hübsches Rillenmuster.
Den Heidesand bei 160 °C 18–20 Minuten goldbraun backen. Prüfen Sie immer wieder nach, damit die Plätzchen nicht zu dunkel werden. Beim Anbrechen der Plätzchen darf in der Mitte noch ein kleiner weicher Kern sein, da das Gebäck noch etwas nachgart.
Auf einem Kuchengitter auskühlen lassen. Den Heidesand in einer gut schließenden Dose aufbewahren.
3 Plätzchen entsprechen 1 BE.

Nährwert für 1 Heidesand:
Eiweiß: 1 g · Fett: 3 g · KH: 4 g · BE: ⅓ · KJ: 205/Kcal: 49
Nährwert des ganzen Rezepts:
Eiweiß: 31 g · Fett: 140 g · KH: 168 g · BE: 14 · KJ: 8612/Kcal: 2058

Mandelspekulatius

(Foto Seite 17)

Spekulatius kann mit Förmchen ausgestochen oder mit Modeln geformt werden. Dafür die Modeln mit Vollkornmehl ausstäuben. Den Teig in kleinen Portionen auswellen und die Teigstücke in die Modeln drücken, den überstehenden Teig abschneiden. Die Teigfiguren auf das Blech stürzen. Diese Spekulatiusfiguren eignen sich auch sehr gut als Weihnachtsbaumbehang! Dabei beachten: Zum Aufhängen den Spekulatius vor dem Backen mit einem Loch versehen.

Zutaten für 1½ Backbleche:
200 g Weizenvollkornmehl · 3 TL Spekulatiusgewürz
60 g Fruchtzucker · 1 Msp Vanillepulver
½ TL geriebene Zitronenschale · 1 Msp Vollmeersalz
110 g kalte Butter oder ungehärtete Diätmargarine
4 EL kaltes Wasser
ZUM AUSSTREUEN DER BACKBLECHE:
50 g Mandelplättchen

Mehl, Spekulatiusgewürz, Fruchtzucker, Vanille, Zitronenschale und Salz mischen. Die Butter klein würfeln und zusammen mit dem Wasser rasch mit der Mehlmischung zu einem glatten Teig verkneten. Den Mürbeteig zugedeckt 1 Stunde an einem kühlen Platz ruhen lassen.
Den Backofen auf 180 °C vorheizen. Die Backbleche gleichmäßig mit den Mandeln bestreuen.
Die Arbeitsfläche dünn mit Vollkornmehl bestäuben und darauf den Teig unter Folie messerrückendick auswellen. Verschiedene Formen ausstechen und auf das Blech setzen. Oder wie oben beschrieben den Teig mit Modeln formen und aufs Blech stürzen. Bei 180 °C die Spekulatius 14–15 Minuten hellbraun backen. Vorsichtig vom Blech heben und auf einem Kuchengitter auskühlen lassen.
26 g Spekulatius entsprechen 1 BE.

Nährwert für 26 g Spekulatius:
Eiweiß: 2 g · Fett: 8 g · KH: 12 g · BE: 1 · KJ: 567/Kcal: 132

Nährwert des ganzen Rezepts:
Eiweiß: 34 g · Fett: 123 g · KH: 184 g · BE: 15 · KJ: 8218/Kcal: 1977

Tip: Spekulatiusgewürz können Sie sich selbst mischen aus 2 TL Zimtpulver, ¼ TL Kardamom, 1 Msp gemahlene Nelken und 1 Msp Muskatblüte.

Mürbe Mohnplätzchen

Diese köstlichen Plätzchen können immer wieder neu variiert werden. So werden daraus Vanillekugeln, wenn Sie den Mohn gegen geschälte, gemahlene Mandeln austauschen und die Plätzchen vor dem Backen in einer Mischung aus Mandeln, ⅕ TL Vanillepulver und Fruchtzucker wälzen.
Oder Sie bereiten den Teig mit 55 g Fruchtzucker und 30 g gemahlenen Haselnüssen zu und verzieren jedes Plätzchen vor dem Backen mit einer Haselnuß.

Zutaten für 33 Stück:
60 g feine Haferflocken · 70 g Weizenvollkornmehl
⅓ TL Backpulver · 1 Msp Vanillepulver
30 g gemahlener Mohn
100 g weiche Butter oder ungehärtete Diätmargarine
50 g Fruchtzucker · 1 Eigelb · 2 EL Rum oder Milch
ZUM WÄLZEN:
20 g gemahlener Mohn · 5 g Fruchtzucker

Haferflocken, Mehl, Backpulver, Vanille und Mohn mischen.
Ein Backblech leicht einfetten.
Die Butter schaumig rühren. Dann nacheinander Fruchtzucker und Eigelb zugeben und die Masse noch ca. 2 Minuten weiterrühren. Sie muß dann eine luftige und cremige Beschaffenheit haben. Die Mehlmischung zusammen mit dem Rum unter die Buttercreme ziehen und den Teig 45 Minuten abgedeckt bei Zimmertemperatur quellen lassen.
Den Backofen auf 180 °C vorheizen.
Den gemahlenen Mohn mit dem Zucker mischen. Von dem Teig Portionen à 10 g abnehmen, zu Kugeln rollen und in der Mohn-Zucker-Mischung wälzen. Ergibt 33 Stück.

Die Kugeln mit etwas Abstand auf das Blech setzen und bei 180 °C 20 Minuten backen
In einer Dose luftdicht verschlossen aufbewahren.
1 Mohnplätzchen entspricht ⅓ BE.

Nährwert für 1 Mohnplätzchen:
Eiweiß: 1 g · Fett: 3 g · KH: 4 g · BE: 0,33 · KJ: 217/Kcal: 52

Nährwert des ganzen Rezepts:
Eiweiß: 29 g · Fett: 116 g · KH: 138 g · BE: 11 · KJ: 7180/Kcal: 1716

Walnußstanitzel

Stanitzel ist die österreichische Bezeichnung für Tüte. Für diese feine Spezialität werden aus ungesüßtem Mürbeteig Tüten geformt, die mit einer Walnußmasse gefüllt sind. Anstatt Walnüssen eignen sich auch Haselnüsse, am besten leicht geröstet. Außer guten Zutaten brauchen Sie für dieses Gebäck Geduld und Fingerspitzengefühl. Doch die Mühe lohnt sich!

Zutaten für 1 Backblech (44 Stück):
70 g kalte Butter oder ungehärtete Diätmargarine
100 g Weizenvollkornmehl · 1 Eigelb · 2 EL kaltes Wasser
FÜR DIE FÜLLUNG:
65 g Walnußkerne · 1 gekühltes Eiweiß · 48 g Fruchtzucker

Die Butter in kleine Stückchen hacken und mit dem Mehl, Eigelb und Wasser mischen. Die Masse mit kühlen Händen rasch zu einem glatten Teig verkneten. Den Mürbeteig 5–6 Stunden abgedeckt kühl stellen.
Die Walnußkerne halb grob, halb fein mahlen. Das Eiweiß steif schlagen. Den Zucker einrieseln lassen und weiterschlagen, bis

die Masse eine cremige Beschaffenheit hat (ca. 1–2 Minuten). Die Walnüsse unter die Eiweißmasse heben.
Den Backofen auf 180 °C vorheizen.
Die Arbeitsfläche mit etwas Mehl bestäuben und den Teig unter Folie darauf dünn ausrollen. Mit einem runden Ausstechförmchen oder Glas (7 cm Ø) 22 Plätzchen ausstechen. Die Plätzchen halbieren. In die Mitte jeder Plätzchenhälfte 1/3 TL Nußfüllung geben. Die Plätzchenhälften so über der Nußmasse zusammenlegen und festdrücken, daß Tütchen entstehen.
Die Walnußstanitzel auf ein ungefettetes Blech setzen und bei 180 °C 20 Minuten backen. Auf einem Kuchengitter auskühlen lassen und in einer Dose luftdicht aufbewahren.
5 Walnußstanitzel entsprechen 1 BE.

Nährwert für 1 Walnußstanitzel:
Eiweiß: 0,5 g · Fett: 2 g · KH: 2,5 g · BE: 0,2 · KJ: 147/Kcal: 35

Nährwert des ganzen Rezepts:
Eiweiß: 28 g · Fett: 106 g · KH: 117 g · BE: 9 · KJ: 6455/Kcal: 1543

Ausstecherle

Zutaten für 1 Backblech (ca. 28 Stück):

55 g kalte Butter oder ungehärtete Diätmargarine

36 g Fruchtzucker · 1 Prise Vanillepulver · 1/2 TL Zitronenschale

100 g Weizenvollkornmehl · 1/2 EL kaltes Wasser · 1 Eigelb

Zum Bestreichen:

1/2 Eigelb · 1/2 TL Wasser

Butter, Fruchtzucker, Vanille, Zitronenschale und Mehl auf die Arbeitsfläche geben und mit einem Messer zu kleinen Streuseln hacken. Das Wasser mit Eigelb zugeben und mit kalten Händen (unter dem Wasserhahn gekühlt) die Streusel rasch zu einem glat-

ten Teig verkneten. Den Mürbeteig abgedeckt 60 Minuten im Kühlschrank ruhen lassen.
Verschiedene Ausstechförmchen bereitlegen. Das Blech nicht einfetten. Eigelb mit Wasser verquirlen. Den Backofen auf 180 °C vorheizen.
Die Arbeitsfläche mit wenig Vollkornmehl bestäuben. Den Teig darauflegen und mit der Klarsichtfolie abdecken. Den Mürbeteig unter der Folie 2–3 mm dick ausrollen. Beliebige Formen ausstechen und auf das Blech setzen. Teigreste kurz zusammenkneten und wieder ausrollen, bis alles verbraucht ist.
Die Plätzchen mit Eigelb bestreichen und bei 180 °C 11–12 Minuten goldbraun backen. Auf einem Kuchengitter auskühlen lassen.
22 g Ausstecherle (ca. 3,5 Stück) entsprechen 1 BE.

Nährwert für 1 Plätzchen:
Eiweiß: 0,5 g · Fett: 2 g · KH: 3 g · BE: 0,3 · KJ: 127/Kcal: 30

Nährwert des ganzen Rezepts:
Eiweiß: 13 g · Fett: 51 g · KH: 96 g · BE: 8 · KJ: 3551/Kcal: 849

Belgische Orangenplätzchen

Das Hirsemehl gibt diesem Gebäck eine »sandige« Beschaffenheit.

Zutaten für 1 Backblech (27 Stück):
100 g Weizenvollkornmehl · 20 g Hirse, fein gemahlen
90 g weiche Butter oder ungehärtete Diätmargarine
48 g Fruchtzucker
1 TL geriebene Schale von 1 unbehandelten Orange
1 EL frisch gepreßter Orangensaft
ZUM AUSFORMEN:
1 EL Orangensaft

Das Weizenvollkornmehl mit dem Hirsemehl mischen.
Butter und Zucker 1 Minute cremig rühren, dann die Orangenschale und den -saft dazugeben und die Masse weitere 3 Minuten rühren.
Rasch die Mehlmischung unter die Buttermasse rühren. Den Teig abgedeckt 1 Stunde kühl stellen.
Ein Backblech einfetten. Den Backofen auf 200 °C vorheizen.
Aus 10 g Teigmasse Kugeln formen und mit etwas Abstand auf das Blech setzen.
Mit einer Gabel, die immer wieder in Orangensaft getaucht wird, über Kreuz die Kugeln flachdrücken. Dabei entsteht ein Wabenmuster.
Bei 200 °C die Orangenplätzchen 12–14 Minuten goldgelb backen.
Vorsichtig vom Blech lösen, sie brechen leicht. Die Orangenplätzchen auf einem Gitter auskühlen lassen und in einer Gebäckdose aufbewahren.
2,7 Plätzchen entsprechen 1 BE.

Nährwert für 1 Orangenplätzchen:
Eiweiß: 0,5 g · Fett: 3 g · KH: 4,5 g · BE: 0,35 · KJ: 193/Kcal: 46

Nährwert des ganzen Rezepts:
Eiweiß: 14 g · Fett: 77 g · KH: 122 g · BE: 10 · KJ: 5209/Kcal: 1245

Tip: Der feine Orangengeschmack dieses Gebäcks wird noch intensiver, wenn Sie 1 Stück Orangenschale mit in die Keksdose legen.

Pfauenaugen

Zutaten für 10 Stück:
45 g kalte Butter oder ungehärtete Diätmargarine
15 g Fruchtzucker · ½ Eigelb · 1 EL Wasser
75 g Weizenvollkornmehl
FÜR DIE MAKRONENMASSE:
120 g Marzipan (s. S. 118) · ½ Eiweiß
FÜR DIE FÜLLUNG:
100 g rote Diabetikermarmelade (mit Fruchtzucker gesüßt)

Für den Mürbeteig Butter klein würfeln und mit dem Fruchtzucker, Eigelb, Wasser und Mehl rasch zu einem glatten Teig verkneten. Den Mürbeteig abgedeckt 30 Minuten im Kühlschrank ruhen lassen.

Für die Makronenmasse Marzipan mit soviel Eiweiß verkneten, daß eine gut spritzfähige Masse entsteht.

Ein Backblech leicht einfetten. Den Backofen auf 200 °C vorheizen.

Die Arbeitsplatte leicht mit Mehl bestäuben, den Mürbeteig daraufsetzen, mit Klarsichtfolie abdecken und ca. 2 mm stark auswellen. Mit einem Glas oder Ausstecher Plätzchen mit 7 cm Ø ausstechen und auf das Blech setzen.

Die Makronenmasse in eine Gebäckspritze oder einen Spritzbeutel mit Sterntülle füllen und auf jedes Plätzchen am Rand entlang eine Makronenbordüre aufspritzen.

Auf die Innenfläche jedes Plätzchens knapp 1 TL Marmelade geben und zur Makronenmasse hin gleichmäßig verstreichen.

Bei 200 °C die Pfauenaugen ca. 10 Minuten backen, bis sich die Makronenmasse goldbraun färbt. Vorsicht, immer wieder nachschauen, sie bräunt sehr schnell!

Auf einem Kuchengitter auskühlen lassen. In einer Blechdose luftdicht aufbewahren.
1 Pfauenauge entspricht 1,2 BE.

Nährwert für 1 Pfauenauge:
Eiweiß: 3 g · Fett: 9 g · KH: 14 g · BE: 1,2 · KJ: 623/Kcal: 149

Nährwert des ganzen Rezepts:
Eiweiß: 27 g · Fett: 87 g · KH: 145 g · BE: 12 · KJ: 6259/Kcal: 1496

Kakao-Nußkipferl

(Foto Seite 35)

Zutaten für 45 Stück:
80 g Haselnüsse, leicht geröstet und abgekühlt
40 g Diabetikerschokolade »Vollmilch«
140 g Weizenvollkornmehl · 2 Eigelb · 60 g Fruchtzucker
1 Msp Vanillepulver · 1 EL Rum oder Milch
70 g kalte Butter oder ungehärtete Diätmargarine
ZUM GLASIEREN:
5 g ungehärtetes Kokosfett
50 g Diabetikerschokolade »Vollmilch«
1 EL Kakaopulver, ungesüßt

Die Haselnüsse und die Schokolade zusammen im Mixer sehr fein mahlen. Ein Backblech einfetten.
Das Mehl auf die Arbeitsfläche geben und in die Mitte eine Mulde drücken. Die Nußmischung, Eigelb, Fruchtzucker, Vanille und Rum in die Mulde geben. Die Butter in Würfel schneiden und auf dem Mehlrand verteilen.

Pain d'amandes (Rezept Seite 62)

Brownies mit Sonnenblumenkernen (Rezept Seite 65)

Alle Zutaten rasch zu einem glatten Teig verkneten, in ein Schälchen geben und abgedeckt ca. 1 Stunde im Kühlschrank ruhen lassen.
Den Teig in 3 gleichgroße Portionen teilen. Jede Portion zu einer 15 cm langen Rolle formen. Jede Rolle in 15 Scheiben (1 cm breit) schneiden. Die Scheiben zu Hörnchen formen und mit etwas Abstand auf das Blech setzen. Bei 175 °C die Nußkipferl 12–14 Minuten backen. Vorsichtig auf ein Kuchengitter heben und abkühlen lassen.
Für die Glasur das Kokosfett bei milder Hitze in einem kleinen Topf schmelzen. Die Schokolade in kleine Stücke schneiden und im warmen Kokosfett unter gelegentlichem Rühren auflösen. Das Kakaopulver in eine Tasse oder ein kleines Schälchen geben.
Die Enden der Kipferl in die Glasur tauchen, etwas abtropfen lassen, kurz in den Kakao drücken und auf einem Kuchengitter fest werden lassen.
Die Kakao-Nußkipferl in Blechdosen aufbewahren.
3 Plätzchen entsprechen 1 BE.

Nährwert für 1 Kakao-Nußkipferl:
Eiweiß: 1 g · Fett: 3 g · KH: 4 g · BE: 0,3 · KJ: 224/Kcal: 54

Nährwert des ganzen Rezepts:
Eiweiß: 45 g · Fett: 159 g · KH: 198 g · BE: 16 · KJ: 10091/ Kcal: 2412

Gefüllte Nußstreifen

Zutaten für 1½ Backbleche (28 Stück):

NUSSTEIG:

65 g Haselnüsse · 160 g Weizenvollkornmehl

48 g Fruchtzucker · 1 Msp Vanillepulver

100 g kalte Butter oder ungehärtete Diätmargarine

3–4 EL kaltes Wasser

FÜR DIE FÜLLUNG:

25 g Kokosfett

100 g Diabetikerschokolade »Vollmilch«

25 g weiche Butter · 2 EL Sahne

Die Haselnüsse fein mahlen und unter Rühren in einer trockenen Pfanne leicht anrösten, bis sie fein zu duften beginnen. Dann abkühlen lassen.

40 g Haselnüsse mit dem Mehl, Fruchtzucker und Vanille mischen.

Die Butter mit einem großen Messer klein würfeln.

Mehlmischung, Butterwürfel und Wasser rasch mit kalten Händen zu einem glatten Teig verarbeiten. Den Nußteig 1–2 Stunden abgedeckt im Kühlschrank ruhen lassen.

Inzwischen die Bleche leicht einfetten. Den Backofen auf 180 °C vorheizen.

Die Arbeitsfläche dünn mit Mehl bestäuben. Den Teig portionsweise messerrückendick unter Folie oder Pergamentpapier auswellen. Mit Lineal und Teigrädchen 56 Streifen von 6,5 × 2 cm ausrädeln.

Die Plätzchen bei 180 °C 12–15 Minuten hellbraun backen. Dann auf einem Kuchengitter auskühlen lassen.

Für die Füllung das Kokosfett bei kleiner Hitze schmelzen. Die Schokolade kleinhacken und portionsweise unter Rühren im

warmen Kokosfett auflösen. Nacheinander die restlichen Nüsse, die Butter und die Sahne unterrühren. Die Füllung im Kühlschrank ca. 45 Minuten fest werden lassen.
Sobald die Füllung eine spritzfähige Beschaffenheit hat, diese kurz zu einer luftigen Creme aufschlagen.
Die Rückseite von 28 Keksen ca. 3 mm dick mit der Nußcreme bestreichen, mit einem zweiten Keks abdecken und fest werden lassen. Diese gefüllten Kekse sind ca. 10 Tage an einem kühlen Ort haltbar.

Eine leichtere *Variante* bezüglich Kalorien und Zubereitung:
Die Füllung weglassen. Dafür die Nußstreifen vor dem Backen mit Haselnußscheibchen garnieren.

Nährwert für 1 gefüllten Nußstreifen:
Eiweiß: 1 g · Fett: 8 g · KH: 7 g · BE: 0,6 · KJ: 430/Kcal: 103

Nährwert des ganzen Rezepts (mit Füllung):
Eiweiß: 36 g · Fett: 211 g · KH: 201 g · BE: 16 · KJ: 24606/
Kcal: 2881

Nährwert für 1 Nußplätzchen (ohne Füllung):
Eiweiß: 1 g · Fett: 2 g · KH: 3 g · BE: 0,2 · KJ: 131/Kcal: 31

Nährwert des ganzen Rezepts (ohne Füllung):
Eiweiß: 25 g · Fett: 117 g · KH: 150 g · BE: 12 · KJ: 7338/Kcal: 1754

Aprikosenherzen

Zutaten für 20 Doppelkekse:
55 g kalte Butter oder ungehärtete Diätmargarine
24 g Fruchtzucker · 1 Msp Zimtpulver
½ TL geriebene Zitronenschale
100 g Weizenvollkornmehl · 1½ EL kaltes Wasser
ZUM FÜLLEN:
50 g Aprikosenmarmelade mit Fruchtzucker gesüßt
ZUM BESTREICHEN:
½ Eigelb · 1 TL Wasser

Butter, Fruchtzucker, Zimt, Zitronenschale und Weizenvollkornmehl auf die Arbeitsfläche geben und mit einem Messer zu kleinen Streuseln hacken. Das Wasser zugeben. Die Hände unter fließend kaltem Wasser abkühlen, abschütteln und die Streusel rasch zu einem glatten Teig verkneten. Den Mürbeteig in Klarsichtfolie schlagen und 1 Stunde im Kühlschrank ruhen lassen.

Einen Herzausstecher von 5 cm Breite oder ein rundes Ausstechförmchen (4 cm Ø) bereitlegen. Das Blech nicht fetten. Das Eigelb mit dem Wasser verrühren. Den Backofen auf 180 °C vorheizen.

Die Arbeitsfläche mit wenig Vollkornmehl bestreuen. Den Teig daraufsetzen und mit Klarsichtfolie abdecken. Den Mürbeteig unter der Folie 2–3 mm dick auswellen. 40 Herzen oder Kreise ausstechen, dabei die Teigreste immer wieder zusammenkneten und erneut auswellen. Die Plätzchen auf das Blech setzen und die Hälfte davon mit dem Eigelb bestreichen. Die Plätzchen bei 180 °C 11–12 Minuten goldbraun backen.

Inzwischen die Marmelade glattrühren. Die unglasierten Plätzchen noch heiß mit der Marmelade bestreichen und mit den glasierten abdecken.

Auf einem Kuchengitter abkühlen lassen.
Die Aprikosenherzen in einer gut verschließbaren Dose aufbewahren.
2,5 Aprikosenherzen entsprechen 1 BE.

Nährwert für 1 Aprikosenherz:
Eiweiß: 1 g · Fett: 3 g · KH: 5 g · BE: 0,4 · KJ: 200/Kcal: 48

Nährwert des ganzen Rezepts:
Eiweiß: 13 g · Fett: 51 g · KH: 109 g · BE: 9 · KJ: 4004/Kcal: 957

Mandelblätter

Ein hauchdünnes Teegebäck, so zart, daß es auf der Zunge zergeht.

Zutaten für 1 Backblech:
100 g Butter oder ungehärtete Diätmargarine, zimmerwarm
80 g Fruchtzucker · 1 Ei · 100 g Weizenvollkornmehl
ZUM BESTREUEN:
50 g Mandelstifte

Ein Backblech einfetten. Den Backofen auf 175 °C vorheizen.
Die Butter cremig rühren. Den Zucker hineinrieseln lassen und kurz weiterrühren. Dann das Ei zugeben und die Masse schaumig rühren.
Rasch das Mehl darunterarbeiten.
Den Teig auf die Mitte des Backblechs geben und mit einem Teigschaber gleichmäßig dünn ausstreichen (er reicht für das ganze Blech).
Die Teigplatte gleichmäßig mit den Mandelstiften bestreuen und bei 175 °C ca. 12 Minuten goldgelb backen.

Den Kuchen noch heiß in etwa 3x5 cm große Rechtecke schneiden und auf einem Kuchengitter auskühlen lassen.
In einer Dose aufbewahren.
25 g Mandelblätter (ca. 7 Stück) entsprechen 1 BE.

Nährwert für 25 g Mandelblätter:
Eiweiß: 2 g · Fett: 10 g · KH: 12 g · BE: 1 · KJ: 614/Kcal: 147

Nährwert des ganzen Rezepts:
Eiweiß: 28 g · Fett: 118 g · KH: 146 g · BE: 12 · KJ: 7372/Kcal: 1762

Kissinger Brötchen

Zutaten für 1 Backblech (16 Stück):

100 g kalte Butter oder ungehärtete Diätmargarine

30 g Walnußkerne, fein gemahlen · 160 g Weizenvollkornmehl

48 g Fruchtzucker · 1 Msp Vanillepulver

3 EL kaltes Wasser

ZUM FÜLLEN:

75 g Diabetikermarmelade »Johannisbeer« oder »Aprikose«

FÜR DIE GLASUR:

5 g ungehärtetes Kokosfett

25 g Diabetikerschokolade »Vollmilch« oder »Zartbitter«

ZUM VERZIEREN:

18 Walnußhälften

Die Butter in Stückchen schneiden. Die Walnüsse, das Mehl, Zucker, Vanille und Wasser zugeben und kurz mithacken.

Dann mit den Händen rasch zu einem glatten Teig verkneten. Den Mürbeteig abgedeckt 1 Stunde im Kühlschrank ruhen lassen.
Den Backofen auf 175 °C vorheizen. Ein Backblech leicht einfetten.
Den Mürbeteig auf einer leicht bemehlten Arbeitsfläche unter Pergamentpapier oder Klarsichtfolie 2–3 mm dick ausrollen. 32 Plätzchen mit 6 cm Ø ausstechen und auf das Blech legen. Die Plätzchen bei 175 °C 13–14 Minuten hellbraun backen.
Die Hälfte der Plätzchen noch heiß mit der Marmelade bestreichen, mit einem zweiten Plätzchen abdecken und abkühlen lassen.
Für die Glasur das Kokosfett bei kleiner Hitze schmelzen. Die Schokolade kleinhacken. Das Fett vom Herd ziehen und die Schokolade darin auflösen.
Mit einem Pinsel jeweils ein Plätzchen zur Hälfte mit Schokolade bestreichen und sofort mit der Walnußhälfte garnieren.
Gut trocknen lassen. Die Kissinger Brötchen luftdicht verschlossen aufbewahren.
1 Kissinger Brötchen entspricht 1 BE.

Nährwert für 1 Kissinger Brötchen:
Eiweiß: 2 g · Fett: 8 g · KH: 12 g · BE: 1 · KJ: 547/Kcal: 131

Nährwert des ganzen Rezepts:
Eiweiß: 28 g · Fett: 131 g · KH: 199 g · BE: 16 · KJ: 8755/Kcal: 2092

Pain d'amandes

(Foto Seite 53)

Zutaten für 90 Stück (2 Backbleche):

125 g weiche Butter oder ungehärtete Diätmargarine

150 g Fruchtzucker · 1 Ei · 190 g Weizenvollkornmehl

2 TL Zimtpulver · ¼ TL Nelken, gemahlen

¼ TL Pottasche · 1 TL Wasser

125 ganze Mandeln oder Hasselnüsse

Diese sehr würzigen und dekorativen Kekse bereitet man folgendermaßen zu: Butter, Zucker und Ei verrühren. Das Mehl mit den Gewürzen mischen. Die Pottasche in dem Teelöffel Wasser auflösen. Mehl, Pottasche und die ganzen Mandeln rasch unter die Buttermischung rühren. Den Teig abgedeckt 1 Stunde kühlstellen.

Den Teig in 3 gleichgroße Portionen teilen. Jede Portion zu einer 15 cm langen Rolle formen. Die Rollen abgedeckt 3 Stunden in den Kühlschrank legen.

2 Backbleche einfetten. Den Backofen auf 180 °C vorheizen.

Von den Teigrollen mit einem sehr scharfen Messer ½ cm dicke Scheiben abschneiden und mit etwas Abstand auf die Bleche setzen.

Die Plätzchen bei 180 °C 12–15 Minuten backen, sie sollen noch etwas weich sein.

Auf einem Kuchengitter abkühlen lassen und in Dosen aufbewahren.

4 Plätzchen entsprechen 1 BE.

Nährwert für 1 Plätzchen:

Eiweiß: 0,5 g · Fett: 2 g · KH: 3 g · BE: 0,25 · KJ: 140/Kcal: 33

Nährwert des ganzen Rezepts:

Eiweiß: 45 g · Fett: 190 g · KH: 278 g · BE: 23 · KJ: 12585/Kcal: 3008

Schottische Haferplätzchen

Zutaten für 1/4 Backblech:

65 g Butter oder ungehärtete Diätmargarine

60 g Fruchtzucker · 1 Prise Vollmeersalz · 80 g Haferflocken

20 g Weizenvollkornmehl · 1/4 TL Backpulver

1 knappe Msp Zimtpulver · 1 EL Orangensaft

Die Butter mit dem Fruchtzucker und dem Salz in einem kleinen Topf bei milder Hitze unter Rühren zerlassen. Vom Feuer nehmen und abkühlen lassen.
Die Haferflocken mit dem Mehl, dem Backpulver und dem Zimt mischen und zusammen mit dem Orangensaft unter die Butterlösung mengen.
Den Backofen auf 175 °C vorheizen.
Ein Backblech leicht einfetten. Den Teig gut 1/2 cm dick unter Folie zu einem Rechteck von ca. 14x22 cm auswellen. An den Rändern den Teig nicht dünner werden lassen, sondern eher etwas dicker halten, sonst verbrennt er leicht.
Die Teigplatte bei 175 °C ca. 17–18 Minuten goldbraun backen. Dann auf dem Blech abkühlen lassen und in Streifen oder Rauten schneiden. Luftdicht aufbewahren.
20 g Gebäck entsprechen 1 BE.

Nährwert für 20 g Haferplätzchen:
Eiweiß: 1 g · Fett: 6 g · KH: 12 g · BE: 1 · KJ: 451/Kcal: 108

Nährwert des ganzen Rezepts:
Eiweiß: 13 g · Fett: 60 g · KH: 121 g · BE: 10 · KJ: 4506/Kcal: 1077

Gefüllte Teeringe

Knusprige Mandelringe mit Kirschfüllung.

Zutaten für 8 Stück:
100 g Weizenvollkornmehl · 24 g Fruchtzucker
¼ TL geriebene Zitronenschale
50 g kalte Butter oder ungehärtete Diätmargarine
2 EL kaltes Wasser
Zum Bestreuen:
1 gehäufter EL Mandelblättchen
Zum Füllen:
75 g Diabetikermarmelade »Sauerkirsch« oder »Himbeer«
Zum Bestreichen:
1 EL Sahne

Weizenvollkornmehl mit dem Zucker und der Zitronenschale mischen.

Die Butter kleinhacken und zusammen mit dem Wasser rasch mit der Mehlmischung zu einem glatten Teig verkneten. 1 Stunde zugedeckt im Kühlschrank ruhen lassen.

Ein Backblech leicht einfetten. Den Backofen auf 180 °C vorheizen.

Die Arbeitsfläche leicht mit Mehl bestäuben. Den Mürbeteig unter Pergamentpapier oder Frischhaltefolie ca. 3 mm dünn auswellen. Daraus 16 Ringe mit 2 Gläsern (Ø 7,5 cm und Ø 4 cm) oder Ausstechförmchen ausstechen.

Die Ringe auf das Blech legen. Die acht kleineren Teigringe mit etwas Sahne bestreichen und dicht mit den Mandelblättchen bestreuen.

Die Ringe bei 180 °C 16–18 Minuten hellbraun backen.

Die Marmelade glattrühren. Die unbestreuten Ringe noch heiß satt mit der Marmelade bestreichen und mit einem Mandelring abdecken. Auf einem Kuchengitter auskühlen lassen.
Die Teeringe luftdicht in einer Blechdose aufbewahren.
1 Teering entspricht 1,2 BE.

Nährwert für 1 Teering:
Eiweiß: 2 g · Fett: 7 g · KH: 15 g · BE: 1,2 · KJ: 527/Kcal: 126

Nährwert des ganzen Rezepts:
Eiweiß: 14 g · Fett: 54 g · KH: 122 g · BE: 10 · KJ: 4234/Kcal: 1012

Brownies mit Sonnenblumenkernen

(Foto Seite 54)

Zutaten für 60 Stück:
100 g weiche Butter oder ungehärtete Diätmargarine
120 g Fruchtzucker · 1 Ei · 130 g Weizenvollkornmehl
20 g Kakaopulver · 1 gute Msp Zimtpulver
1 TL Zitronenschale · 2 EL Milch
70 g Sonnenblumenkerne, leicht angeröstet und abgekühlt

Die Butter mit dem Fruchtzucker schaumig rühren. Das Ei zugeben und mitrühren.
Das Weizenvollkornmehl mit dem Kakaopulver, Zimt und Zitronenschale mischen.
Die Mehlmischung zusammen mit der Milch und den Sonnenblumenkernen unter die Buttercreme rühren und bei Zimmertemperatur 30 Minuten quellen lassen.
Ein Backblech gut einfetten. Den Backofen auf 180 °C vorheizen.

Aus Alufolie einen Falz von der Länge einer Blechschmalseite knicken. In 12 cm Abstand von der Blechseite auf das Blech legen. Den Teig gleichmäßig auf dem Blech verstreichen und bei 180 °C 18 Minuten backen. Noch heiß in 4 Längsstreifen, dann je in 15 Stükke schneiden. Auf einem Kuchengitter auskühlen lassen und in einer Blechdose aufbewahren.
3,5 Schokobrownies entsprechen 1 BE.

Nährwert für 1 Schokobrownie:
Eiweiß: 1 g · Fett: 2 g · KH: 3 g · BE: 0,3 · KJ: 143/Kcal: 34

Nährwert des ganzen Rezepts:
Eiweiß: 46 g · Fett: 135 g · KH: 209 g · BE: 17 · KJ: 8596/ Kcal: 2054

Eine feine Variante: Die Schokobrownies können mit einer Schokoladenglasur bestrichen werden (100 g Diabetikerschokolade in 10 g lauwarmer Butter schmelzen) und mit gerösteten Sonnenblumenkernen bestreut werden. Dann entsprechen 3 Schokobrownies 1 BE.

Orangen-Schoko-Stäbchen

Zutaten für 1 Backblech (45 Stück):
50 g kalte Butter oder ungehärtete Diätmargarine
100 g Weizenvollkornmehl · ½ TL Backpulver
Schale von 1 unbehandelten Orange (gerieben)
24 g Fruchtzucker · 4–5 EL frisch gepreßter Orangensaft
ZUM GLASIEREN:
5 g ungehärtetes Kokosfett
50 g Diabetikerschokolade »Vollmilch« oder »Zartbitter«

Die Butter in kleine Stückchen schneiden.
Das Mehl mit dem Backpulver, Orangenschale und Fruchtzucker mischen und auf die Arbeitsfläche geben. Butterstückchen und Orangensaft zugeben und mit einem großen Messer zu Streuseln hacken. Mit kalten Händen rasch zu einem glatten Teig verkneten. Den Mürbeteig im Kühlschrank 1 Stunde abgedeckt ruhen lassen.
Ein Backblech leicht einfetten. Den Backofen auf 200°C vorheizen.
Den Teig portionsweise zu bleistiftdicken Röllchen formen und 5 cm lange Stücke abschneiden.
Die Teigstäbchen evtl. etwas nachformen und auf das Blech setzen.
Die Plätzchen bei 200°C 14–15 Minuten hellbraun backen. Auf einem Kuchengitter auskühlen lassen.
Für die Glasur das Kokosfett bei milder Hitze in einem kleinen Topf schmelzen. Die Schokolade klein hacken. Den Topf vom Feuer ziehen und die Schokolade portionsweise darin auflösen.
Die Orangenstäbchen an beiden Enden in die Schokolade tauchen auf einem Kuchengitter trocknen lassen.
Die Orangen-Schoko-Stäbchen zusammen mit einer unbehandelten Orange oder Mandarine luftdicht aufbewahren. So intensiviert sich der Orangengeschmack.
5 Orangen-Schoko-Stäbchen entsprechen 1 BE.

Nährwert für 1 Orangen-Schoko-Stäbchen:
Eiweiß: 0,5 g · Fett: 1 g · KH: 2,5 g · BE: 0,2 · KJ: 103/Kcal: 25

Nährwert des ganzen Rezepts:
Eiweiß: 16 g · Fett: 64 g · KH: 114 g · BE: 9 · KJ: 4641/Kcal: 1109

Nougatringe

Bei Übergewicht nicht empfehlenswert!

Zutaten für 10 Stück:
35 g kalte Butter oder ungehärtete Diätmargarine
70 g Weizenvollkornmehl · 18 g Fruchtzucker
2 Msp geriebene Zitronenschale · 1 EL kaltes Wasser
Für die Füllung:
25 g Haselnüsse · 25 g Kokosfett, ungehärtet
100 g Diabetikerschokolade »Vollmilch«
25 g weiche Butter · 2 EL Sahne
Zum Bestreuen:
10 g Mandelsplitter
Für die Glasur:
10 g ungehärtetes Kokosfett
100 g Diabetikerschokolade »Zartbitter« oder »Vollmilch«

Die Butter klein würfeln und rasch mit Mehl, Zucker, Zitronenschale und Wasser zu einem glatten Teig verkneten.
Den Mürbeteig abgedeckt im Kühlschrank 1 Stunde ruhen lassen.
Inzwischen die Nüsse mahlen, bei kleiner Hitze in einer trockenen Pfanne leicht anrösten und abkühlen lassen.
Das Kokosfett bei milder Hitze in einem kleinen Topf schmelzen. Die Schokolade kleinhacken und portionsweise im warmen, nicht heißen Kokosfett unter Rühren auflösen. Dann nacheinander die Nüsse, Butter und Sahne unterrühren. Die Nougatcreme im Kühlschrank fest werden lassen (ca. 45 Minuten).
Den Backofen auf 180 °C vorheizen. Ein Backblech leicht einfetten. Die Arbeitsfläche sparsam mit Mehl bestäuben. Darauf den

Teig unter Folie oder Pergamentpapier messerrückendick auswellen.
Mit 2 Gläsern oder Ausstechförmchen (7,5 cm und 4 cm Ø) 10 Ringe ausstechen. Diese auf das Blech legen und bei 180 °C 12–14 Minuten hellbraun backen. Auf einem Kuchengitter auskühlen lassen.
Sobald die Füllung eine spritzfähige Konsistenz hat, diese mit dem Handrührgerät kurz cremig aufschlagen. Die Creme in einen Spritzbeutel mit großer Tülle füllen und die Füllung üppig auf die Ringe spritzen. Danach die Ringe gleichmäßig mit den Mandelsplittern bestreuen, diese etwas festdrücken und die Ringe im Kühlschrank gut fest werden lassen.
Für die Glasur das Kokosfett in einem kleinen Topf bei schwacher Hitze schmelzen. Die Schokolade kleinhacken und portionsweise im warmen Kokosfett auflösen. Sobald die gesamte Schokolade aufgelöst ist, die Plätzchen mit der Nougatfüllung nach unten nacheinander rasch in die Schokolade tauchen und auf einem Kuchengitter trocknen lassen.
In einer Porzellan- oder Blechdose halten sich die Nougatringe an einem kühlen Ort gut 8 Tage.
1 Nougatring entspricht 1,3 BE.

Nährwert für 1 Nougatring:
Eiweiß: 3 g · Fett: 18 g · KH: 16 g · BE: 1,3 · KJ: 1010/Kcal: 241

Nährwert des ganzen Rezepts:
Eiweiß: 33 g · Fett: 176 g · KH: 161 g · BE: 13 · KJ: 10106/
Kcal: 2415

Pistaziensterne

Dekorative Mürbeteigsterne mit einer Pistazien-Mandel-Fülle.

Zutaten für 18 Stück:
35 g kalte Butter oder ungehärtete Diätmargarine
50 g Weizenvollkornmehl · ½ Eigelb · 1 EL kaltes Wasser
FÜR DIE FÜLLUNG:
30 g geschälte Mandeln · 30 g Pistazien · 25 g Eiweiß
36 g Fruchtzucker · 2 TL Orangensaft · 1 Spritzer Zitronensaft
ZUM BESTREICHEN:
½ Eigelb · 1 TL Sahne
ZUM GARNIEREN:
9 Pistazienkerne

Die Butter mit einem großen Messer würfeln und mit dem Mehl, dem Eigelb und dem Wasser mischen. Dann die Mischung mit kalten Händen rasch zu einem glatten Teig verkneten. Den Mürbeteig zugedeckt ca. 4 Stunden kühl stellen.
Den Backofen auf 160 °C vorheizen.
Den Teig auf wenig Mehl unter Folie dünn auswellen (ca. 2 mm) und mit einem Sternförmchen (7 cm Ø) 18 Sterne ausstechen und auf das Blech legen. Die Sterne mit der Eigelb-Sahne-Mischung einpinseln.
Für die Füllung Mandeln und Pistazien fein mahlen.
Das Eiweiß steif schlagen, so daß ein Messerschnitt sichtbar bleibt.
Den Zucker einrieseln lassen und weiterschlagen, bis die Masse cremig ist (ca. 1–2 Minuten).
Mandeln, Pistazien, Orangensaft und Zitronensaft unter den Eischnee ziehen.
In die Mitte der Sterne jeweils ein Häufchen aus gut ½ TL Makronenmasse setzen.

Amaretti (Rezept Seite 79)

Die Pistazienkerne längs halbieren und jeden Stern mit einer Hälfte dekorieren.
Die Pistaziensterne bei 160 °C ca. 18 Minuten mehr trocknen als backen. Sie sollen noch grünlich bleiben.
Auf einem Kuchengitter auskühlen lassen und luftdicht aufbewahren.
3 Pistaziensterne entsprechen 1 BE.

Nährwert für 1 Pistazienstern:
Eiweiß: 1 g · Fett: 4 g · KH: 4 g · BE: 0,3 · KJ: 233/Kcal: 56

Nährwert des ganzen Rezepts:
Eiweiß: 25 g · Fett: 68 g · KH: 73 g · BE: 6 · KJ: 4197/Kcal: 1003

Amerikanische Schokocookies

Leckere Plätzchen und schnell zubereitet.

Zutaten für 1 Backblech (25 Stück):
40 g Diabetikerschokolade »Vollmilch«
75 g Haselnüsse oder Walnußkerne
50 g weiche Butter oder ungehärtete Diätmargarine
60 g Fruchtzucker · 1 Msp Vanillepulver · 1 Eigelb
50 g Weizenvollkornmehl · ¼ TL Backpulver
1 Eiweiß · 1 Prise Vollmeersalz
½ EL starker, schwarzer Bohnenkaffee oder Getreidekaffee

Ein Backblech einfetten. Den Backofen auf 180 °C vorheizen.
Die Schokolade zusammen mit den Haselnüssen im Mixer mittelfein mahlen.

Die Butter mit dem Zucker und der Vanille cremig rühren, dann das Eigelb zugeben und weiterrühren. Die Buttermasse insgesamt 4 Minuten schaumig rühren.
Das Mehl mit dem Backpulver und den Nüssen mischen.
Das Eiweiß mit dem Salz steif schlagen.
Die Buttermasse, Mehlmischung, Eischnee und Kaffee mit einem Kochlöffel locker untereinanderheben.
Aus jeweils 1 gehäuften Teelöffel Teig mit großem Abstand 25 Häufchen auf das Blech setzen.
Bei 180 °C die Schokocookies 14–15 Minuten hellbraun backen.
Sofort vom Blech lösen und auf einem Kuchengitter auskühlen lassen.
Diese knusprigen Plätzchen in einer Dose verschlossen aufbewahren.
2,5 Schokocookies entsprechen 1 BE.

Nährwert für 1 Schokocookie:
Eiweiß: 1 g · Fett: 4 g · KH: 5 g · BE: 0,4 · KJ: 261/Kcal: 62

Nährwert des ganzen Rezepts:
Eiweiß: 26 g · Fett: 109 g · KH: 118 g · BE: 10 · KJ: 6517/Kcal: 1558

Mandelbissen

Saftige Plätzchen aus Mürbeteig mit einem Belag aus Hagebuttenmarmelade und Mandelkrokant.

Zutaten für 20 Stück:
80 g Weizenvollkornmehl · 24 g Fruchtzucker
1 Msp Backpulver
½ TL geriebene Schale von 1 unbehandelten Zitrone
2 EL kaltes Wasser
30 g kalte Butter oder ungehärtete Diätmargarine
FÜR DEN BELAG:
50 g Diabetikermarmelade »Hagebutte« oder »Aprikose«
FÜR DEN KROKANT:
40 g Butter oder ungehärtete Diätmargarine
20 g Fruchtzucker · 1 Msp Vanillepulver
80 g geschälte Mandeln, mittelfein gemahlen

Weizenvollkornmehl, Fruchtzucker, Backpulver und Zitronenschale auf der Arbeitsfläche anhäufeln und in die Mitte eine Mulde drücken. Das Wasser hineingeben. Die Butter in Stücke schneiden und darübergeben. Mit kalten Händen alles rasch zu einem glatten Teig verkneten. Den Mürbeteig abgedeckt 1 Stunde an einem kühlen Platz ruhen lassen.

Ein Backblech einfetten. Den Backofen auf 180 °C vorheizen.

Den Mürbeteig auf das Blech legen und unter Folie zu einem Rechteck von 20x16 cm gleichmäßig auswellen. Mit der Gabel mehrmals in den Teig stechen. Den Teig 10 Minuten vorbacken.

Inzwischen Butter und Fruchtzucker kurz erhitzen. Vanille und Mandeln dazugeben und gut verrühren. Etwas abkühlen lassen.

Die vorgebackene Teigplatte aus dem Ofen nehmen, mit der

Marmelade bestreichen und den Mandelkrokant gleichmäßig darüber verteilen. Bei 180 °C die Plätzchen noch weitere 20 Minuten backen. Nach 15 Minuten die Oberfläche mit Alufolie abdekken, damit sie nicht zu dunkel wird.
Das Gebäck noch heiß in Quadrate von 4x4 cm schneiden und auf einem Gitter auskühlen lassen. In einer Dose aufbewahren.
2 Mandelbissen entsprechen 1 BE.

Nährwert für 1 Plätzchen:
Eiweiß: 1 g · Fett: 5 g · KH: 6 g · BE: 0,5 · KJ: 318/Kcal: 76

Nährwert des ganzen Rezepts:
Eiweiß: 25 g · Fett: 103 g · KH: 124 g · BE: 10 · KJ: 6369/Kcal: 1522

Husarenkrapferl

Zutaten für 1 Backblech (24 Stück):

120 g Weizenvollkornmehl · 1/3 TL geriebene Schale von 1 Zitrone

36 g Fruchtzucker · 1 Eigelb

80 g kalte Butter oder ungehärtete Diätmargarine

ZUM WÄLZEN:

1 Eiweiß · 20 g geschälte, geriebene Mandeln

ZUM FÜLLEN:

50 g Hagebutten- oder Aprikosenmarmelade (mit Fruchtzucker gesüßt)

Weizenvollkornmehl, Zitronenschale und Fruchtzucker auf die Arbeitsplatte häufen. In die Mitte eine Mulde drücken und das Eigelb hineingeben. Die Butter in kleine Stückchen schneiden und darübergeben. Alle Zutaten rasch zu einem Mürbeteig zusammenkneten. Den Mürbeteig abgdeckt 1 Stunde kühl stellen.

Das Backblech leicht einfetten. Den Backofen auf 180°C vorheizen.
Den Mürbeteig in 24 Portionen à 10 g teilen. Jede Portion zu einer Kugel formen, mit leicht verschlagenem Eiweiß bestreichen und in den Mandeln wälzen. Die Kugeln auf das Blech setzen und mit einem Kochlöffelstiel eine Vertiefung eindrücken. Diese mit Marmelade füllen.
Die Husarenkrapferl bei 175°C ca. 25 Minuten backen.
Auskühlen lassen und in einer Dose aufbewahren.
Gut 2 Husarenkrapferl entsprechen 1 BE.

Nährwert für 1 Husarenkrapferl:
Eiweiß: 1 g · Fett: 3 g · KH: 5,5 g · BE: 0,4 · KJ: 246/Kcal: 58

Nährwert des ganzen Rezepts:
Eiweiß: 25 g · Fett: 86 g · KH: 135 g · BE: 11 · KJ: 5907/Kcal: 1412

Tip: Diese Plätzchen schauen auch sehr hübsch aus, wenn sie in Sesam oder Kokosflocken gewälzt werden.

Schwarz-Weiß-Gebäck

Zutaten für 2 Backbleche (64 Stück):

200 g Weizenvollkornmehl · 1 Msp Vanille

95 g Fruchtzucker

150 g kalte Butter oder ungehärtete Diätmargarine

ca. 5 EL kaltes Wasser

FÜR DEN SCHOKOLADENTEIG:

1 gestrichener EL Kakao · ½ EL Rum oder Milch

Weizenvollkornmehl, Vanille und Zucker mischen und auf die Arbeitsfläche häufen. In die Mehlmischung eine Mulde drücken.

Die Butter mit einem großen Messer würfeln. Das Wasser in die Mulde geben, die Butter auf den Mehlrand setzen. Alle Zutaten mit dem Messer gut durchhacken. Dann mit kühlen Händen rasch zu einem glatten Teig verkneten.
Den Teig halbieren und unter die eine Hälfte den Kakao und unter die andere Hälfte den Rum kneten. Beide Teige getrennt abdecken und kühl stellen (60 Minuten).
Die Teige getrennt auf einer leicht bemehlten Arbeitsplatte unter Folie messerrückendick zu einem 36 cm breiten Rechteck auswellen. Beide Teigplatten sollen gleich groß sein. Die Teigplatten aufeinanderlegen, etwas zusammendrücken und von der Breitseite her fest aufrollen zu einer 36 cm breiten Walze. Die Teigwalze halbieren und abgedeckt 60 Minuten kühl stellen.
Den Backofen auf 180 °C vorheizen. Von den Teigrollen 5 mm starke Scheiben abschneiden und mit etwas Abstand auf die Bleche setzen.
Die Plätzchen bei 180 °C ca. 15 Minuten backen. Die Plätzchen sollen außen trocken sein und beim Anbrechen innen noch einen weichen Kern haben.
Auf einem Kuchengitter auskühlen lassen und luftdicht aufbewahren.
3,5 Plätzchen entsprechen 1 BE.

Nährwert für 1 Plätzchen:
Eiweiß: 1 g · Fett: 2 g · KH: 3 g · BE: 0,28 · KJ: 140/Kcal: 34

Nährwert des ganzen Rezepts:
Eiweiß: 26 g · Fett: 130 g · KH: 218 g · BE: 18 · KJ: 2146/Kcal: 898

Makronen

Makronen sind relativ arm an Fett, Cholesterin und Kohlenhydraten. Sie bestehen aus einer zarten, luftigen Masse, die ursprünglich nur aus Eiweiß, Zucker und Mandeln zubereitet wurde. Heute variiert man und verwendet anstatt Mandeln auch Haselnüsse, Walnüsse, Kokosraspel, Pistazien, Kakao, Haferflocken, Pinienkerne u. ä. Auch mit Gewürzen wie Zimt, Ingwer, Vanille, Zitronenschale, Orangenschale oder Kaffee, Früchten etc. lassen sich immer wieder neue schmackhafte Makronenvarianten finden.
Eine besonders reizvolle Zusammenstellung ist Gebäck aus Mürbeteig und Makronenmasse wie z.B. die Walnußstanitzel (siehe S. 47), Haselnußschnitten (s. S. 91) oder Walnußbaiserplätzchen (s. S. 95).
Bevor Sie mit der Arbeit beginnen, sollten Sie die folgenden Tips zum Backen von Makronen durchlesen:

- Damit die Eiweißmasse bezüglich Menge und Beschaffenheit gelingt, muß das Eiweiß genau abgewogen, gekühlt und geduldig gerührt werden.

- Die Makronenmasse vor dem Backen 1 Stunde bei Zimmertemperatur quellen lassen, so laufen die Plätzchen beim Backen weniger breit.

- Beim Backen darauf achten, daß die Plätzchen nicht zu lange im Ofen bleiben, sonst werden sie krachtrocken. Sie sind richtig, wenn sie sich auf Fingerdruck weich anfühlen. Dann auf einem Gitter abkühlen lassen und gut verschlossen lagern.

- Sind die Makronen einmal zu hart geraten, lassen Sie die Keksdose etwas offen. So werden die Makronen durch die Luftfeuchtigkeit wieder weich.
- Lösen sich die Makronen schlecht vom Pergamentpapier, werden sie zusammen mit dem Papier vom Blech genommen und samt Papier auf ein nasses Küchentuch gelegt. Nach einer Weile lassen sie sich dann problemlos ablösen.

Amaretti

(italienische Mandelmakronen)

(Foto Seite 71)

Im Originalrezept werden Amaretti nicht garniert. Besondes lekker und dekorativ sind sie jedoch, wenn sie mit feinen Schokoladenlinien überzogen werden.

Zutaten für 24 Stück:
125 g Mandeln · 40 g gekühltes Eiweiß
60 g Fruchtzucker · 3 Tropfen Bittermandelöl
Für die Glasur:
5 g ungehärtetes Kokosfett
50 g Diabetikerschokolade »Vollmilch« oder »Zartbitter«

Die Mandeln fein mahlen.
Das Eiweiß steif schlagen, bis ein Messerschnitt sichtbar bleibt. Unter ständigem Rühren langsam den Zucker einrieseln lassen. Die Mandeln und das Bittermandelöl zum Eischnee geben und behutsam mit einem Teigspatel oder Schneebesen unterziehen.

Die Makronenmasse 1 Stunde zugedeckt bei Zimmertemperatur quellen lassen.
Den Backofen auf 160 °C vorheizen. Ein Backblech mit Backpapier oder gefettetem Pergamentpapier auslegen. Aus jeweils einem gehäuften Teelöffel Makronenmasse Häufchen mit etwas Abstand auf das Blech setzen. Mit einem nassen Teelöffel etwas flachdrücken und bei 160 °C ca. 20 Minuten backen. Sie sollen am Ende der Backzeit noch etwas weich sein, da sie beim Auskühlen noch nachgaren. Die Amaretti auf einem Kuchengitter auskühlen lassen.
Für die Glasur das Kokosfett in einem kleinen Topf bei milder Hitze schmelzen. Die Schokolade grob hacken und im warmen Kokosfett unter gelegentlichem Rühren auflösen. Eine Spritztüte falten (s. S. 15). Die Glasur einfüllen und die Amaretti mit dünnen Schokoladenlinien bespritzen. Gut fest werden lassen und in einer Dose luftdicht aufbewahren.
3 Amaretti entsprechen 1 BE. Ohne Glasur können Sie für 1 BE 4 Amaretti verzehren.

Nährwert für 1 Amaretto mit Glasur:
Eiweiß: 1 g · Fett: 5 g · KH: 4 g · BE: 0,3 · KJ: 265/Kcal: 64

Nährwert des ganzen Rezepts mit Glasur:
Eiweiß: 28 g · Fett: 114 g · KH: 100 g · BE: 8 · KJ: 6367/Kcal: 1528

Nährwert für 1 Amaretto ohne Glasur:
Eiweiß: 1 g · Fett: 4 g · KH: 3 g · BE: 0,25 · KJ: 250/Kcal: 50

Nährwert des ganzen Rezepts ohne Glasur:
Eiweiß: 23 g · Fett: 92 g · KH: 76 g · BE: 6 · KJ: 5031/Kcal: 1202

Haselnußhäufchen

Zutaten für 24 Stück:

125 g Haselnüsse, geröstet und fein gemahlen

1 Msp Vanillepulver · 1 Msp Zimtpulver

40 g gekühltes Eiweiß · 60 g Fruchtzucker

einige Tropfen Zitronensaft · 24 Vollkornoblaten (4 cm Ø)

Zum Verzieren:

24 Haselnußkerne

Die Haselnüsse mit den Gewürzen mischen.
Das Eiweiß schlagen, bis ein Messerschnitt im Eiweiß sichtbar bleibt. Unter ständigem Rühren langsam den Zucker einrieseln lassen. Die Eiweißmasse insgesamt 8 Minuten schlagen. Zwischendurch immer wieder ein paar Tropfen Zitronensaft zugeben.
Die Nußmischung zum Eischnee geben und behutsam, aber zügig mit einem Teigspatel unterziehen. Die Makronenmasse 1 Stunde zugedeckt bei Zimmertemperatur quellen lassen.
Den Backofen auf 160 °C vorheizen. Aus jeweils 1 leicht gehäuften TL Makronenmasse Häufchen auf die Oblaten setzen und auf jedes eine Haselnuß stecken.
Die Nußhäufchen bei 160 °C ca. 20 Minuten backen. Sie sollen noch etwas weich sein, da sie beim Abkühlen nachgaren. Die Haselnußhäufchen auf einem Kuchengitter abkühlen lassen und in einer Gebäckdose aufbewahren.
4 Haselnußhäufchen entsprechen 1 BE.

Nährwert für 1 Haselnußhäufchen:
Eiweiß: 1 g · Fett: 4 g · KH: 3 g · BE: 0,25 · KJ: 210/Kcal: 50

Nährwert des ganzen Rezepts:
Eiweiß: 23 g · Fett: 92 g · KH: 76 g · BE: 6 · KJ: 5031/Kcal: 1202

Bärentatzen

Die Bärentatzen werden mit Muschelformen aus Holz oder Metall geformt. Diese sind im Fachhandel erhältlich. Die Bärentatzenform für dieses Rezept hatte eine Breite von 4,5 cm und eine Länge von 6 cm.

Zutaten für 16 Stück:
110 g Mandeln · 50 g Diabetikerschokolade »Vollmilch«
1 Msp Zimtpulver · ½ TL Kakao
25 g gekühltes Eiweiß · 60 g Fruchtzucker
ZUM AUSFORMEN:
25 g Mandeln · ½ TL Kakaopulver

Die Mandeln zusammen mit der Schokolade im Mixer fein mahlen. In eine Schüssel geben und mit dem Kakao und dem Zimt mischen.

Das Eiweiß steif schlagen, bis ein Messerschnitt sichtbar bleibt. Unter Rühren den Zucker langsam hineinrieseln lassen. Die Eiweißmasse insgesamt 5 Minuten schlagen.

Dann die Mandel-Schoko-Mischung mit einem Teigspatel gründlich unter den Eischnee rühren, so daß ein fester Teig entsteht.

Das Backblech gut einfetten. Zum Ausformen die Mandeln mehlfein mahlen und mit dem Kakao mischen.

Portionen à 15 g vom Teig abnehmen, zu Kugeln formen, in der Mandel-Kakao-Mischung wälzen und in die Bärentatzenform drücken. Sogleich wieder herauslösen, eventuell ganz vorsichtig mit einem spitzen Messer nachhelfen.

Bleiben die Bärentatzen in der Form hängen, die leere Form mit Wasser gründlich ausspülen und gut austrocknen.

Die Bärentatzen mit Abstand auf das Backblech legen und über Nacht trocknen lassen.

Am nächsten Tag die Bärentatzen im vorgeheizten Backrohr bei 175 °C 15 Minuten backen. Die Oberfläche muß noch weich sein. Die Bärentatzen vorsichtig vom Blech heben und auf einem Kuchengitter auskühlen lassen. In einer Dose aufbewahren.
2 Bärentatzen entsprechen 1 BE.

Nährwert für 1 Bärentatze:
Eiweiß: 2 g · Fett: 6 g · KH: 6 g · BE: 0,5 · KJ: 358/Kcal: 86

Nährwert des ganzen Rezepts:
Eiweiß: 36 g · Fett: 92 g · KH: 98 g · BE: 8 · KJ: 5732/Kcal: 1370

Zimtsterne

Zutaten für 18 Stück:

160 g Mandeln · ½ TL Zimtpulver
2 Msp Zitronenschale · 30 g gekühltes Eiweiß
60 g Fruchtzucker · 2 Spritzer Zitronensaft

ZUM AUSWELLEN:

15 g Mandeln, mehlfein gemahlen · 5 g Fruchtzucker

Die Mandeln im Mixer mehlfein mahlen und mit Zimt und Zitronenschale mischen.
Das Eiweiß steif schlagen, bis ein Messerschnitt sichtbar bleibt. Löffelweise den Zucker zugeben. Den Eischnee insgesamt auf höchster Stufe 10 Minuten schlagen, bis der Zucker aufgelöst ist. Am Schluß den Zitronensaft zugeben.
20 g der Eischneemasse für die Glasur abnehmen und abdecken.
Die Mandelmischung zur Eischneemasse geben und mit einem Teigspatel sorgfältig untermischen. Es soll ein fester, formbarer

Teig entstehen. Den Nußteig 10 Minuten bei Zimmertemperatur ruhen lassen.
Inzwischen den Backofen auf 140 °C vorheizen. Ein Backblech mit gefettetem Pergamentpapier auslegen. Ein Sternförmchen mit 7 cm Ø bereitlegen.
Zum Auswellen Mandeln und Zucker mischen und die Arbeitsfläche damit bestreuen. Den Teig auf der Mandel-Zucker-Mischung ca. 6 mm dick auswellen und insgesamt 18 Sterne ausstechen und auf das Blech setzen. Teigreste kurz zusammenkneten und erneut auswellen.
Mit einem spitzen Küchenmesser die Sterne gleichmäßig dick mit der Glasur bestreichen. Die Zimtsterne bei 140 °C 20 Minuten backen. Die Sterne sollen dabei ganz hell bleiben. Auf einem Kuchengitter auskühlen lassen, bis die Glasur fest ist.
3 Zimtsterne entsprechen 1 BE.

Nährwert für 1 Zimtstern:
Eiweiß: 2 g · Fett: 5 g · KH: 4,5 g · BE: 0,35 · KJ: 308/Kcal: 74

Nährwert des ganzen Rezepts:
Eiweiß: 37 g · Fett: 95 g · KH: 81 g · BE: 6,5 · KJ: 5541/Kcal: 1324

Gefüllte Nußmakronen

(Foto Seite 89)

Durch die üppige Füllung sind diese Makronen relativ kalorienreich. Bei Übergewicht besser die Haselnußhäufchen bevorzugen.

Zutaten für 12 Stück:
125 g Haselnüsse geröstet und fein gemahlen
1 Msp Vanillepulver · 1 Msp Zimtpulver
40 g gekühltes Eiweiß · 60 g Fruchtzucker
einige Tropfen Zitronensaft
FÜR DIE FÜLLUNG:
45 g Butter oder ungehärtete Diätmargarine
40 g Diabetikerschokolade »Vollmilch«

Die Makronen wie Haselnußhäufchen (s. S. 81) zubereiten, dabei die Plätzchen jedoch nicht mit Haselnußkernen verzieren. Auf einem Kuchengitter abkühlen lassen.
Für die Füllung 5 g Butter in einem kleinen Kochtopf bei milder Hitze schmelzen lassen. Die Schokolade in Würfelchen schneiden und in der lauwarmen Butter unter gelegentlichem Rühren auflösen. Die Glasur vom Herd ziehen und auf Zimmertemperatur abkühlen lassen.
Die restliche Butter mit dem Handmixer in einer schmalen, hohen Schüssel 5 Minuten hellcremig schlagen. Die Schokoladenglasur dazugeben und kurz unterschlagen.
Zwölf Makronen mit jeweils 1 TL Creme bestreichen, mit den anderen zwölf Makronen abdecken und im Kühlschrank fest werden lassen.

Die gefüllten Nußmakronen an einem kühlen Platz luftdicht aufbewahren.
1,5 gefüllte Nußmakronen entsprechen 1 BE.

Nährwert für 1 Nußmakrone:
Eiweiß: 2 g · Fett: 12 g · KH: 8 g · BE: 0,6 · KJ: 614/Kcal: 147

Nährwert des ganzen Rezepts:
Eiweiß: 28 g · Fett: 148 g · KH: 95 g · BE: 8 · KJ: 7368/Kcal: 1761

Schokoladenmakronen

Zutaten für 24 Stück:

100 g Mandeln · 25 g Diabetikerschokolade »Vollmilch«

2 TL Kakaopulver · 1 Prise Zimtpulver

1 Msp geriebene Schale von 1 unbehandelten Zitrone

40 g gekühltes Eiweiß · 50 g Fruchtzucker

einige Spritzer Zitronensaft

ZUM GARNIEREN:

24 geschälte Mandelhälften

Die Mandeln zusammen mit der Schokolade im Mixer fein mahlen. Dann mit Kakao, Zimt und Zitronenschale mischen.
Das Eiweiß steif schlagen, bis ein Messerschnitt im Eischnee sichtbar bleibt. Weiterschlagen und teelöffelweise den Zucker zugeben. Den Eischnee insgesamt 8 Minuten schlagen. Zwischendurch immer wieder ein paar Tropfen Zitronensaft unterrühren.
Die Mandelmischung mit einem Teigspatel rasch unter die Eischneemasse heben und 1 Stunde abgedeckt bei Zimmertemperatur quellen lassen. Ein Backblech mit Backpapier auslegen.

Den Backofen auf 160 °C vorheizen. Gut kirschgroße Häufchen mit etwas Abstand auf das Blech setzen und jedes mit einer Mandelhälfte verzieren.
Die Schokoladenmakronen bei 160 °C ca. 30 Minuten backen. Sie sollen noch etwas weich sein, da sie beim Auskühlen fester werden.
Auf einem Kuchengitter auskühlen lassen. In einer gut verschließbaren Dose aufbewahren.
4 Schokoladenmakronen entsprechen 1 BE.

Nährwert für 1 Schokoladenmakrone:
Eiweiß: 1 g · Fett: 3 g · KH: 3 g · BE: 0,25 · KJ: 198/Kcal: 47

Nährwert des ganzen Rezepts:
Eiweiß: 28 g · Fett: 68 g · KH: 78 g · BE: 6,5 · KJ: 4748/Kcal: 1135

Walnußbusserl

Zutaten für 24 Stück:

140 g Walnußkerne · 40 g Eiweiß, gekühlt

60 g Fruchtzucker · 24 Vollkornoblaten (4 cm Ø)

ZUM GARNIEREN:

4 g ungehärtetes Kokosfett

50 g Diabetikerschokolade »Vollmilch«

24 Walnußhälften

Die Walnußkerne zur Hälfte fein, zur Hälfte mittelfein mahlen.
Das Eiweiß steif schlagen, bis ein Messerschnitt sichtbar bleibt. Unter Rühren den Zucker hineinrieseln lassen und weiterrühren, bis die Masse dickcremig ist (insgesamt 8 Minuten).

Die Walnüsse unter den Eischnee ziehen und die Masse 1 Stunde bei Zimmertemperatur abgedeckt quellen lassen.
Den Backofen auf 160 °C vorheizen.
Jeweils 1 leicht gehäuften TL Nußmasse auf die Oblaten geben und die Häufchen mit etwas Abstand auf das Blech setzen.
Bei 160 °C die Walnußmakronen 16–18 Minuten backen. Sie sollen noch etwas weich sein.
Die Walnußbusserl auf einem Kuchengitter auskühlen lassen.
Zum Garnieren das Kokosfett in einem kleinen Topf bei geringer Wärmezufuhr schmelzen lassen. Die Schokolade kleinhacken. Das Kokosfett vom Herd ziehen und die Schokolade unter Rühren darin auflösen.
In die Mitte jeder Makrone einen Klecks Schokolade geben und die Walnußhälften damit »festkleben«. In einer gut schließenden Dose aufbewahren.
3 Walnußbusserl entsprechen 1 BE.

Nährwert für 1 Walnußbusserl:
Eiweiß: 2 g · Fett: 5 g · KH: 4 g · BE: 0,3 · KJ: 281/Kcal: 67

Nährwert des ganzen Rezepts:
Eiweiß: 38 g · Fett: 118 g · KH: 100 g · BE: 8 · KJ: 6744/Kcal: 1612

Variante:

Walnußbusserl ohne Schokolade: Dafür die Walnußhälften vor dem Backen auf die Teighäufchen setzen. So entspricht 1 Walnußbusserl 3 g KH, also ¼ BE. Außerdem sparen Sie dadurch pro Walnußbusserl 11 Kcal bzw. 45 KJ ein.

Gefüllte Nußmakronen (Rezept Seite 85)

Italienische Erdnußschäumchen

Die Verbindung von Erdnüssen, Kakao und Kaffee bringt hier den besonderen Geschmack.

Zutaten für 21 Stück:
125 g Erdnußkerne, ungesalzen · 40 g Eiweiß
60 g Fruchtzucker · einige Spritzer Zitronensaft · 1/3 EL Kakao
1/2 TL Getreidekaffee oder Instantkaffee
21 Vollkornoblaten (4 cm Ø)

Von den Erdnußkernen 1/3 grob, 2/3 fein mahlen.
Das Eiweiß so steif schlagen, daß ein Messerschnitt sichtbar bleibt. Weiterrühren, dabei langsam den Fruchtzucker einrieseln lassen. Den Eischnee insgesamt 8 Minuten schlagen.
Dann den Zitronensaft, Kakao, Kaffee und die Erdnüsse locker unterziehen. Die Makronenmasse zugedeckt bei Zimmertemperatur 1 Stunde quellen lassen.
Den Backofen auf 160 °C vorheizen. Jeweils 1 TL Nußmasse auf die Oblaten geben. Die Erdnußhäufchen mit etwas Abstand auf das Blech setzen.
Bei 160 °C die Erdnußschäumchen ca. 20 Minuten backen. Sie sollen in der Mitte noch etwas weich sein.
Auf einem Kuchengitter auskühlen lassen. Die Erdnußschäumchen luftdicht in einer Dose aufbewahren.
3,5 Erdnußschäumchen entsprechen 1 BE.

Nährwert für 1 Erdnußschäumchen:
Eiweiß: 2 g · Fett: 3 g · KH: 3,5 g · BE: 0,3 · KJ: 202/Kcal: 48

Nährwert des ganzen Rezepts:
Eiweiß: 39 g · Fett: 63 g · KH: 73 g · BE: 6 · KJ: 4250/Kcal: 1016

Variante: Sehr fein schmeckt dieses Makronengebäck auch mit Walnüssen oder Haselnüssen.

Großmutters Haselnußschnitten

Zutaten für 48 Stück:
70 g kalte Butter oder ungehärtete Diätmargarine
100 g Weizenvollkornmehl · 1 Eigelb · 2 EL kaltes Wasser
FÜR DEN BELAG:
90 g Haselnüsse · 2 Eiweiß · 85 g Fruchtzucker

Die Butter in kleine Stücke hacken und mit dem Mehl, dem Eigelb und dem Wasser mischen. Die Masse mit kühlen Händen rasch zu einem glatten Teig verkneten. Den Mürbeteig abgedeckt 4–5 Stunden kühl stellen.
Die Haselnüsse fein mahlen und in einer trockenen Pfanne unter Rühren bei kleiner Hitze leicht anrösten. Dann abkühlen lassen.
Den Backofen auf 180 °C vorheizen.
Die Arbeitsfläche mit etwas Mehl bestäuben und den Teig darauf ca. 1,5 mm dünn ausrollen. Mit Lineal und Teigrädchen Rechtecke von 3x6 cm ausradeln (ergibt ca. 48 Stück). Die Plätzchen auf ein ungefettetes Blech setzen.
Für den Belag die Eiweiß steif schlagen, so daß ein Messerschnitt sichtbar bleibt. Den Zucker einrieseln lassen und weiterschlagen, bis die Masse cremig ist (ca. 1–2 Minuten). Die Haselnüsse unter den Eischnee ziehen.
Auf jedes Teigplätzchen 1 TL Haselnußmasse verteilen und mit einem Messer gleichmäßig verstreichen.
Die Haselnußschnitten bei 180 °C 14–15 Minuten auf der untersten Schiene lichtbraun backen.

Auf einem Kuchengitter auskühlen lassen und in einer Dose aufbewahren.
4 Haselnußschnitten entsprechen 1 BE.

Nährwert für 1 Haselnußschnitte:
Eiweiß: 1 g · Fett: 2,5 g · KH: 3 g · BE: 0,25 · KJ: 161/Kcal: 39

Nährwert des ganzen Rezepts:
Eiweiß: 34 g · Fett: 121 g · KH: 155 g · BE: 13 · KJ: 7742/Kcal: 1850

Variante: Mit Walnüssen oder geschälten Mandeln schmecken diese Schnitten auch ganz ausgezeichnet.

Pinienkernherzen

Zutaten für ca. 45 Stück:

FÜR DEN MÜRBETEIG:

50 g kalte Butter oder ungehärtete Diätmargarine
100 g Weizenvollkornmehl · 12 g Fruchtzucker
1 Msp Vanillepulver · 1 Eigelb · 2½ EL kaltes Wasser

FÜR DIE GLASUR:

30 g gekühltes Eiweiß · 40 g Fruchtzucker

ZUM VERZIEREN:

30 g Pinienkerne

Die Butter in kleine Stücke hacken und mit dem Mehl, Zucker und Vanille mischen. Eigelb und Wasser zugeben und die Masse rasch zu einem glatten Teig verkneten. Den Mürbeteig abgedeckt 1 Stunde im Kühlschrank ruhen lassen.
Eine Herzform mit 5 cm Breite bereitlegen. Ein Blech leicht einfetten.

Den Mürbeteig auf einer leicht bemehlten Arbeitsplatte unter Folie 2–3 mm stark auswellen und insgesamt ca. 45 Herzen ausstechen. Die Herzen auf das Blech setzen.
Das Eiweiß steif schlagen. Dann den Zucker langsam hineinrieseln lassen und ca. 2 Minuten weiterrühren. Den Ofen auf 150 °C vorheizen.
Den Eischnee mit einem Messer gleichmäßig auf die Plätzchen streichen, jedes mit 4–5 Pinienkernen bestreuen und bei 150 °C 45–50 Minuten mehr trocknen als backen.
Die Glasur soll nicht mehr kleben.
Die Herzen auf einem Kuchengitter auskühlen lassen und gut verschlossen aufbewahren.
4,5 Pinienkernherzen entsprechen 1 BE.

Nährwert für 1 Plätzchen:
Eiweiß: 0,5 g · Fett: 1,5 g · KH: 2,5 g · BE: 0,22 · KJ: 109/Kcal: 26

Nährwert des ganzen Rezepts:
Eiweiß: 22 g · Fett: 67 g · KH: 119 g · BE: 10 · KJ: 4916/Kcal: 1175

Bananen-Vanille-Makronen

Zutaten für 1 Backblech (24 Stück):

50 g Banane (geschält gewogen) · 1 TL Butter
110 g Haselnüsse, fein gemahlen · 10 g Haferflocken
36 g Eiweiß, gekühlt · 65 g Fruchtzucker
1 TL Zitronensaft · 1 gute Msp Vanillepulver
24 Vollkornoblaten (4 cm Ø)

Die Banane mit einer Gabel zerdrücken. Die Butter bei kleiner Flamme in einer Pfanne zerlassen, Banane hineingeben und darin schmelzen. Dann abkühlen lassen.

Die Haselnüsse zusammen mit den Haferflocken unter Rühren bei kleiner Hitze leicht anrösten, dann abkühlen lassen.
Das Eiweiß steif schlagen, bis ein Messerschnitt sichtbar bleibt, dann unter Rühren den Zucker langsam hineinrieseln lassen. Den Eischnee insgesamt 8 Minuten schlagen.
Bananenpüree, Nußmischung, Zitronensaft und Vanille unter den Eischnee ziehen und die Masse 1 Stunde abgedeckt bei Zimmertemperatur quellen lassen.
Den Backofen auf 150°C vorheizen.
Jeweils 10 g Makronenmasse auf die Oblaten häufen und auf das Blech setzen.
Die Makronen bei 150°C ca. 30 Minuten mehr trocknen als bakken. Die Makronen sollen sich in der Mitte noch eindrücken lassen.
Auf einem Gitter auskühlen lassen.
Luftdicht verschlossen aufbewahren.
3 Bananen-Vanille-Makronen entsprechen 1 BE.

Nährwert für 1 Bananen-Vanille-Makrone:
Eiweiß: 1 g · Fett: 3 g · KH: 4 g · BE: 0,3 · KJ: 191/Kcal: 46

Nährwert des ganzen Rezepts:
Eiweiß: 20 g · Fett: 73 g · KH: 93 g · BE: 8 · KJ: 4590 Kcal: 1097

Variante: Eine andere Geschmacksnote enthalten Sie, wenn Sie die Bananenmakronen anstatt mit Vanille mit 2–3 gestrichenen TL gemahlenem Ingwer abschmecken.

Walnußbaiserplätzchen

Dieses feine Gebäck eignet sich vorzüglich zum gemütlichen Adventstee.

Zutaten für 10 Stück:
FÜR DEN MÜRBETEIG:
50 g Weizenvollkornmehl · 6 g Fruchtzucker
¼ TL geriebene Schale von 1 unbehandelten Zitrone
1 Prise Zimt und Nelken, beides gemahlen
30 g kalte Butter oder ungehärtete Diätmargarine
1½ EL kaltes Wasser
FÜR DIE BAISERMASSE:
100 g Walnußkerne, möglichst frisch gehackt
5 g Vollkornsemmelbrösel oder Vollkornmehl
25 g Eiweiß, gekühlt · 48 g Fruchtzucker
FÜR DIE FÜLLUNG:
100 g rote Diabetikermarmelade

Für den Mürbeteig Weizenvollkornmehl, Zucker, Zitronenschale und Gewürze auf der Arbeitsplatte anhäufen. In die Mitte eine Vertiefung drücken und das Wasser hineingeben. Butter in kleine Stücke schneiden und darüber verteilen. Mit kalten Händen alle Zutaten rasch zu einem glatten Teig verkneten. Den Mürbeteig abgedeckt 30–60 Minuten im Kühlschrank ruhen lassen.
Inzwischen die Walnüsse sehr fein mahlen. (Achten Sie darauf, daß keine größeren Stücke bleiben. Diese verstopfen sonst den Spritzbeutel.) Mit den Semmelbröseln mischen.
Das Eiweiß steif schlagen. Nach und nach den Zucker unterrühren. Sobald aller Zucker untergeschlagen ist, mit einem Teigschaber die Walnüsse unterheben.

Den Backofen auf 175 °C vorheizen. Ein Backblech leicht einfetten.
Den Teig auf der leicht bemehlten Arbeitsfläche unter Folie dünn auswellen, 10 Plätzchen mit 6,5 cm Ø ausstechen und auf das Blech legen. Die Walnußmasse in einen Spritzbeutel mit großer Sterntülle füllen und jeden Teigkreis mit einem Baiserring umranden.
Die Plätzchen ca. 16 Minuten goldbraun backen. Dann auf einem Kuchengitter abkühlen lassen.
Für die Füllung die Marmelade unter Rühren in einem kleinen Topf etwas einkochen lassen. Jeweils 1 TL der heißen Marmelade in die Mitte der Plätzchen füllen. Abkühlen lassen und in einer Dose aufbewahren.
1 Plätzchen entspricht 1,2 BE.

Nährwert für 1 Walnußbaiserplätzchen:
Eiweiß: 3 g · Fett: 9 g · KH: 15 g · BE: 1,2 · KJ: 620/Kcal: 148

Nährwert des ganzen Rezepts:
Eiweiß: 25 g · Fett: 88 g · KH: 148 g · BE: 12 · KJ: 6206/Kcal: 1483

Lebkuchen

Durch Gewürze aus aller Welt erhalten die Lebkuchen ihr unvergleichliches Aroma. Bereits im Mittelalter würzten die Mönche, wahre Meister auf diesem Gebiet, ihre Lebkuchen mit Zimmetrinden, Ingwer, Negelein (Nelken), Kardamom und Pfeffer. Zu jener Zeit gab man diese Kostbarkeiten Schwerkranken, um wieder neue Lebenskräfte zu wecken.
Auch die alten Griechen kannten den Lebkuchen. Sie sahen ihn als Sinnbild für ein langes Leben.
In der heutigen Zeit ist der Lebkuchen untrennbar mit dem Weihnachtsfest verbunden. Für mich persönlich ist der Lebkuchen das Weihnachtsgebäck schlechthin.

- Der Lebkuchen ist kein »Schnellgebäck«, sondern braucht Zeit und Ruhe, um seinen typischen Geschmack zu entwickeln. Lebkuchen sollten nach Möglichkeit bereits 3–4 Wochen vor dem Fest gebacken werden, damit die Gewürze Zeit zum Durchziehen und zur vollen Entfaltung ihres Aromas haben.

- Als Triebmittel verwendet man Backpulver oder Pottasche bzw. Hirschhornsalz, beides Triebmittel, die ihre Triebkraft erst beim Erhitzen entfalten.
  Backpulver entwickelt seine Triebkraft, sobald es mit dem feuchten Teig in Verbindung kommt. Mit Backpulver hergestellte Lebkuchen müssen daher bald abgebacken werden. Sie entwickeln ihr Aroma nach dem Backen in gut verschlossenen Gefäßen.

Elisenlebkuchen (s. S. 99) und Nürnberger Lebkuchen (siehe S. 102) enthalten keine Triebmittel. Sie enthalten Volumen und Bindung durch schaumig geschlagenes Ei.

- Im Gegensatz zu anderen Gebäckarten brauchen Lebkuchen relativ viel Süßmittel. Bei allen Rezepten habe ich versucht, den Fruchtzucker auf das äußerste zu reduzieren, ohne daß Aroma oder Beschaffenheit der Lebkuchen beeinträchtigt wird.
- In herkömmlichen Rezepten geben Honig und Zuckerrübensirup vielen Würzgebäcken und Lebkuchen eine besondere Note. Um diesem Geschmack etwas nahe zu kommen, habe ich sämtliche Rezepte in diesem Kapitel mit Diabetikersirup ausprobiert. Das Ergebnis fand ich enttäuschend. Das Gebäck bekam dadurch einen undefinierbaren, leicht muffigen Beigeschmack.

Elisenlebkuchen

Elisenlebkuchen werden üblicherweise mit einem sehr hohen Zuckeranteil hergestellt. Das heißt, es wird oft mehr Zucker als Nüsse bzw. Mandeln verwendet. Selbst für Diabetikerlebkuchen. Für dieses Rezept habe ich die Zuckermenge drastisch reduziert. Doch keine Sorge, die Lebkuchen schmecken trotzdem süß und erhalten zudem noch ein feines Aroma durch Zitronenschale, Nelken und Rum.
Rum kann auch durch ein paar Tropfen Rum-Aroma ersetzt werden.

Zutaten für 24 Stück:
200 g Mandeln · 1 Msp Backpulver
1 Msp Vanillepulver · 1 Prise Nelkenpulver
½ TL geriebene Schale von 1 unbehandelten Zitrone
1 Ei · 80 g Fruchtzucker · 2 EL Rum
24 Vollkornoblaten (5 cm Ø)
Für die Glasur:
5 g ungehärtetes Kokosfett
100 g Diabetikerschokolade »Zartbitter«, »Vollmilch« oder eine »Weiße«

Die Mandeln fein mahlen und mit dem Backpulver, der Vanille, dem Nelkenpulver und der Zitronenschale mischen.
Den Backofen auf 150 °C vorheizen.
Das Ei schaumig rühren, dabei langsam den Zucker hineinrieseln lassen. Weiterrühren, bis die Masse dickcremig ist (ca. 2 Minuten). Dann den Rum und die Mandelmischung unter die Eiercreme ziehen.
Auf jede Oblate gut 12 g Mandelmasse geben und hügelartig verstreichen. Die Lebkuchen auf das Blech setzen und bei 150 °C

25 Minuten backen. Die Lebkuchen sollen dabei ganz hell bleiben. Gegebenenfalls mit Pergamentpapier oder Alufolie abdekken. Die Lebkuchen auf einem Kuchengitter auskühlen lassen.
Für die Glasur das Kokosfett in einem kleinen Topf bei milder Hitze schmelzen. Die Schokolade in Stücke hacken. Den Topf vom Herd ziehen und die Schokolade portionsweise im Kokosfett auflösen.
Die Lebkuchen mit der Schokoladenglasur bestreichen (mit einem Pinsel) und auf einem Kuchengitter trocknen lassen. In einer Blechdose aufbewahren.
2 Elisenlebkuchen entsprechen 1 BE.
Bei Übergewicht die Elisenlebkuchen besser nicht glasieren. Sie schmecken auch »natur« ganz ausgezeichnet. Ohne Glasur entsprechen 3 Lebkuchen 1 BE.

Nährwert für 1 Elisenlebkuchen mit Glasur:
Eiweiß: 2 g · Fett: 6 g · KH: 6 g · BE: 0,5 · KJ: 384/Kcal: 91

Nährwert des ganzen Rezepts mit Glasur:
Eiweiß: 54 g · Fett: 156 g · KH: 147 g · BE: 12 · KJ: 9216/Kcal: 2203

Nährwert für 1 Elisenlebkuchen ohne Glasur:
Eiweiß: 2 g · Fett: 5 g · KH: 4 g · BE: 0,3 · KJ: 279/Kcal: 67

Nährwert des ganzen Rezepts ohne Glasur:
Eiweiß: 45 g · Fett: 114 g · KH: 99 g · BE: 8 · KJ: 6703/Kcal: 1602

Braune Lebkuchen nach Großmutter Magdalene

Zutaten für 20 Stück:
140 g Weizenvollkornmehl · 1 gestrichener TL Backpulver
1½ gestrichene TL Lebkuchengewürz
40 g gehackte Mandeln · 10 g Kakaopulver
50 g weiche Butter oder ungehärtete Diätmargarine
1 Eigelb · 90 g Fruchtzucker · 1 Eiweiß, gekühlt
60 g Sahne · 1 EL Rum oder Sahne
ZUM GARNIEREN:
80 geschälte Mandelhälften

Weizenvollkornmehl, Backpulver, Lebkuchengewürz, Mandeln und Kakaopulver mischen.
Ein Backblech mit gefettetem Pergamentpapier oder Backpapier belegen. Den Backofen auf 175 °C vorheizen.
Butter mit Eigelb und Fruchtzucker 5 Minuten schaumig rühren.
Das Eiweiß steif schlagen.
Die Mehlmischung, Eischnee, Sahne und Rum mit einem Rührlöffel unter die Buttermasse ziehen.
Den Teig auf das Blech geben und mit einem angefeuchteten Teigschaber zu einem 20x25 cm großen Rechteck verstreichen. Mit einem nassen Messer auf der Teigplatte 20 Quadrate von 5x5 cm markieren und jedes Teigquadrat mit 4 Mandelhälften blütenartig dekorieren.
Die Lebkuchen bei 175 °C ca. 25 Minuten backen.
Noch heiß entlang der Markierungslinien in 20 Quadrate schnei-

den und auf einem Kuchengitter auskühlen lassen. In einer Dose aufbewahren.
1 Lebkuchen entspricht 0,75 BE.

Nährwert für 1 Lebkuchen:
Eiweiß: 2 g · Fett: 6 g · KH: 9 g · BE: 0,75 · KJ: 405/Kcal: 96

Nährwert des ganzen Rezepts:
Eiweiß: 44 g · Fett: 115 g · KH: 186 g · BE: 15 · KJ: 8109/Kcal: 1938

Nürnberger Lebkuchen

Zutaten für 1 Backblech (14 Stück):

75 g Haselnüsse · 75 g Mandeln

110 g Weizenvollkornmehl · 1 TL Zimtpulver

½ TL Lebkuchengewürz · Schale von 1 unbehandelten Zitrone

2 Eier · 90 g Fruchtzucker · 1 TL Zitronensaft

2 EL Sahne · 14 Vollkornoblaten (7 cm Ø)

ZUM GARNIEREN:

Mandelblättchen

Die Haselnüsse und Mandeln reiben und unter ständigem Wenden in einer trockenen Pfanne leicht anrösten. Dann abkühlen lassen.
Mandeln, Haselnüsse, Weizenvollkornmehl, Gewürze und Zitronenschale mischen.
Die Eier mit dem Fruchtzucker 8 Minuten dick schaumig rühren. Dann Zitronensaft und Sahne unterziehen. Mit einem Kochlöffel die Mehlmischung locker unter die Eicreme heben.
Den Teig abgedeckt 12 Stunden bei Zimmertemperatur quellen lassen.

Dann den Backofen auf 180 °C vorheizen.
14 Häufchen à 35 g auf die Oblaten setzen und mit einem nassen Messer glattstreichen. Jeden Lebkuchen mit den Mandelblättchen blütenartig verzieren.
Bei 180 °C die Lebkuchen 18–20 Minuten backen. Sie sollen in der Mitte noch etwas weich sein.
Die Nürnberger Lebkuchen abgekühlt in einer Gebäckdose aufbewahren.
1 Lebkuchen entspricht 1 BE.

Nährwert für 1 Nürnberger Lebkuchen:
Eiweiß: 4 g · Fett: 8 g · KH: 12 g · BE: 1 · KJ: 560/Kcal: 134

Nährwert des ganzen Rezepts:
Eiweiß: 52 g · Fett: 110 g · KH: 173 g · BE: 14 · KJ: 7845/Kcal: 1875

Schokoladenlebkuchen

Zutaten für 9 Stück:

125 g Mandeln · 20 g Weizenvollkornmehl
¼ TL Backpulver · 1 TL Zimtpulver
1 Msp Kardamom, gemahlen · 1 Prise Nelken, gemahlen
¼ TL abgeriebene Schale von 1 unbehandelten Zitrone
1 Prise Vollmeersalz · 1 Ei · 60 g Fruchtzucker
Vollkornoblaten (7 cm Ø)

Für die Glasur:

5 g ungehärtetes Kokosfett · 50 g Diabetikerschokolade

Die Mandeln fein mahlen und mit dem Mehl, Backpulver, den Gewürzen und dem Salz mischen.

Das Ei mit dem Zucker in 8 Minuten hell cremig rühren. Die Mandelmischung unterheben. Auf jede Oblate ein Häufchen mit 28 g Mandelteig setzen und mit einem nassen Messer gleichmäßig verstreichen.
Die Oblaten auf ein Blech setzen und 1 Stunde bei Zimmertemperatur ruhen lassen.
Den Backofen auf 160 °C vorheizen.
Die Lebkuchen bei 160 °C ca. 20 Minuten braun backen. Eventuell die letzten 5 Minuten abdecken, damit sie nicht zu dunkel werden.
Die Lebkuchen auf einem Kuchengitter auskühlen lassen.
Für die Glasur das Kokosfett bei milder Hitze in einem kleinen Topf zergehen lassen. Die Schokolade kleinhacken. Den Topf vom Herd ziehen und die Schokolade unter Rühren darin auflösen.
Die Oberfläche der Lebkuchen mit der Schokoladenglasur bestreichen. Gut abtrocknen lassen und in einer Dose aufbewahren.
1 Lebkuchen entspricht 1 BE.

Nährwert für 1 Lebkuchen:
Eiweiß: 4 g · Fett: 11 g · KH: 12 g · BE: 1 · KJ: 677/Kcal: 162

Nährwert des ganzen Rezepts:
Eiweiß: 38 g · Fett: 97 g · KH: 108 g · BE: 9 · KJ: 6093/Kcal: 1456

Gefüllte Lebkuchenherzen

Lebkuchenherzen mit einer saftigen Aprikosen-Marzipan-Füllung.

Zutaten für 1 Backblech (30 Stück):
110 g Fruchtzucker · 2 EL Sahne · 2 EL Wasser
40 g Butter oder ungehärtete Diätmargarine
140 g Weizenvollkornmehl · 130 g Mandeln, fein gemahlen
Schale von ½ unbehandelten Orange
1 TL Zimtpulver · ¼ TL Kardamom · ⅕ TL Nelken, gemahlen
1 gehäufter TL Kakaopulver · 1 TL Hirschhornsalz
1 EL Wasser · 1 Ei
Für die Füllung:
50 g Diabetikermarmelade »Aprikose« oder »Sauerkirsch«
50 g Marzipan (s. S. 118)
Zum Bestreichen:
2 EL Sahne
Zum Garnieren:
60 Pinienkerne oder 30 geschälte Mandelhälften

Fruchtzucker, Sahne, Wasser und Butter in einer Pfanne zum Kochen bringen. Dann vom Feuer ziehen und abkühlen lassen.
Mehl, Mandeln, Orangenschale, Gewürze und Kakao mischen.
Das Hirschhornsalz in 1 EL Wasser auflösen.
Das Ei trennen.
Die Zuckerlösung mit dem Eigelb 1–2 Minuten cremig schlagen. Dann die Mehlmischung und das aufgelöste Hirschhornsalz unter die Eigelbcreme ziehen. Den Lebkuchenteig abgedeckt 5–6 Stunden an einem kühlen Platz ruhen lassen.

Für die Füllung Marmelade und Marzipan zu einer cremigen Masse verrühren.
Ein Backblech einfetten. Den Backofen auf 180 °C vorheizen.
Die Arbeitsfläche mit etwas Mehl bestäuben, darauf den Lebkuchenteig 3–4 mm stark auswellen und mit einem Herzausstechförmchen von 5 cm Breite 60 Herzen ausstechen.
Die Hälfte der Herzen mit etwas Abstand auf das Blech legen und die Oberfläche mit Eiweiß bestreichen. Auf jedes Herz, etwa in die Mitte, ⅓ TL Füllung geben. Die restlichen Herzen ebenfalls mit Eiweiß bestreichen und mit der bestrichenen Seite nach unten auf die Füllung legen. Die gefüllten Herzen ringsum gut festdrücken.
Die Oberfläche mit Sahne bestreichen und die Herzen mit jeweils 2 Pinienkernen oder 2 längs geteilten Mandelvierteln garnieren.
Die Lebkuchenherzen bei 180 °C 18–19 Minuten backen.
Die Lebkuchenherzen auf einem Kuchengitter abkühlen lassen und in einer Dose aufbewahren. Einen Apfelschnitz in die Dose geben, damit die Lebkuchen weich werden.
1,5 Lebkuchenherzen entsprechen 1 BE.
Dieser Lebkuchenteig eignet sich für jede Art von Ausstechformen, aber auch Lebkuchenmänner, -tiere, die Sie mit Hilfe einer selbstgemachten Papierschablone aus dem Teig schneiden können.

Nährwert für 1 gefülltes Lebkuchenherz:
Eiweiß: 2 g · Fett: 5 g · KH: 8 g · BE: 0,7 · KJ: 375/Kcal: 90

Nährwert des ganzen Rezepts:
Eiweiß: 58 g · Fett: 160 g · KH: 252 g · BE: 20 · KJ: 11239/ Kcal: 2686

Feine Gewürzstreifen

Zutaten für ½ Backblech:
150 g Haselnüsse · 100 g Butter oder ungehärtete Diätmargarine
144 g Fruchtzucker · 7 EL Sahne oder Milch
½ TL Zitronenschale · 1 TL Zitronensaft
1½ gestrichene TL Zimtpulver
150 g Dinkel- oder Weizenvollkornmehl
80 g Hirse, fein gemahlen
ZUM BESTREUEN:
Sonnenblumenkerne, Sesam, Mandelblättchen oder gehobelte Haselnüsse

Die Haselnüsse halb fein, halb mittelgrob mahlen und in einer trockenen Pfanne unter häufigem Wenden leicht anrösten. Abkühlen lassen.
Die Butter bei kleiner Hitze zerlassen. Dann vom Herd nehmen und nacheinander Fruchtzucker, Sahne, Zitronenschale, Zitronensaft, Zimt und Nüsse unterrühren. Ist die Masse zimmerwarm, das Dinkel- und Weizenvollkornmehl untermengen.
Den Teig luftdicht abgedeckt 4 Stunden bei Zimmertemperatur quellen lassen.
Ein Backblech einfetten. Den Backofen auf 175 °C vorheizen.
Den Teig auf eine Blechhälfte legen, gleichmäßig auswellen und gut das halbe Blech damit auskleiden. Die Teigplatte sollte etwa 35x24 cm groß sein. Achten Sie darauf, daß der Teig an den Rändern nicht dünner ist, sonst verbrennt er.
Die Teigplatte gleichmäßig mit den Sonnenblumenkernen oder ähnlichem bestreuen und diese gut andrücken.
Die Teigplatte bei 175 °C ca. 35 Minuten backen. Die letzten 10 Minuten eventuell die Ränder mit Pergamentpapier abdecken.
Sofort nach dem Backen in 50 Streifen von jeweils 2,5x7 cm schneiden. Auf einem Kuchengitter auskühlen lassen.

Die Gewürzstreifen in einer Dose aufbewahren. Nach einigen Tagen haben sie ihr Aroma entwickelt und schmecken am besten.
2 Gewürzstreifen entsprechen 1 BE.
Schnell und unkompliziert. Ein ideales Gebäck für ungeduldige »Bäcker«.
Variante: 2 EL Sahne können auch durch Rum ersetzt werden.

Nährwert für 1 Gewürzstreifen:
Eiweiß: 1 g · Fett: 4 g · KH: 6 g · BE: 0,5 · KJ: 293/Kcal: 70

Nährwert des ganzen Rezepts:
Eiweiß: 53 g · Fett: 213 g · KH: 309 g · BE: 25 · KJ: 14669/ Kcal: 3506

Pfeffernüsse

Zutaten für 1 Backblech (33 Stück):
40 g Butter oder ungehärtete Diätmargarine
72 g Fruchtzucker · 65 g Sahne · 25 g Mandeln
100 g Weizenvollkornmehl
1 TL Schale von 1 unbehandelten Zitrone
1 gute Msp Kardamom · knapp 1/3 EL Zimtpulver
1 knappe Msp schwarzer Pfeffer, gemahlen
1 knappe Msp Nelken, gemahlen · 1 Prise Vollmeersalz
1/2 EL Rosenwasser · 2 g Pottasche
ZUM GARNIEREN:
33 geschälte Mandelhälften

Die Butter bei milder Hitze schmelzen, vom Herd ziehen und den Fruchtzucker und die Sahne einrühren. Abkühlen lassen.

Die Mandeln fein mahlen und mit dem Mehl, der Zitronenschale, Kardamom, Zimt, Pfeffer, Nelken und Salz mischen.
Die Pottasche im Rosenwasser auflösen und in die Butter rühren.
Nun die Mehlmischung unter die Butterlösung mengen.
Den Teig abgedeckt an einem kühlen Platz 5 Tage ruhen lassen.
Den Backofen auf 175 °C vorheizen. Ein Backblech einfetten.
Den Teig in 33 Portionen à 9 g teilen. Jede Portion zu einer Kugel drehen und mit etwas Abstand auf das Blech setzen. Jede Kugel mit einer Mandelhälfte belegen.
Die Pfeffernüsse bei 175 °C 14–15 Minuten backen. Auf einem Kuchengitter abkühlen lassen und in einer Dose aufbewahren.
1 Pfeffernuß entspricht 0,3 BE.

Nährwert für 1 Pfeffernuß:
Eiweiß: 0,5 g · Fett: 2 g · KH: 4 g · BE: 0,3 · KJ: 162/Kcal: 39

Nährwert des ganzen Rezepts:
Eiweiß: 21 g · Fett: 72 g · KH: 137 g · BE: 11 · KJ: 5350/Kcal: 1279

Pralinen und Adventskalender

Besonders bei diesen Köstlichkeiten heißt die Devise: Weniger ist mehr. Und dieses Wenige sollte dann ein Höchstmaß an Qualität und Genuß bieten.
Unter diesem Gesichtspunkt habe ich diese Auswahl an Pralinen und Konfekt auf den folgenden Seiten zusammengestellt.
Übrigens, wenn Sie »Nichtdiabetiker« mit Pralinen aus Ihrer Küche beschenken möchten, tauschen Sie die Diabetikerschokolade einfach gegen »normale« Schokolade bzw. Honigschokolade aus.

Noch einige Tips zur Kunst des Pralinenmachens:

- Das wichtigste ist Sorgfalt bei der Zubereitung der Masse, beim Formen und Dekorieren. Pralinen sollen nicht nur schmekken, sondern auch durch ihr hübsches Aussehen verlocken.
- Hier besonders wichtig: Ganz frische Zutaten verwenden.
- Wer wenig Erfahrung in der Pralinenzubereitung hat, fängt am besten mit den Nußbissen (s. S. 117), Mandelsplittern (s. S. 116) oder den Vanilletrüffeln (s. S. 114) an.
- Für die Herstellung von Schokoladenglasuren lesen Sie am besten auf Seite 29 nach, was dabei zu beachten ist.
- Pralinen, mit Butter und Sahne zubereitet, sollten innerhalb von 10 Tagen verzehrt werden.
- Pralinen und Marzipankonfekt kühl lagern.

- Damit Ihre Kunstwerke auch richtig zur Geltung kommen: in Pralinenkapseln auf einem schönen Porzellan-, Silber- oder Glasteller servieren. Zum Verschenken in eine hübsche Dose oder in eine Zellophantüte verpacken. Zum Verschicken eignen sich spezielle Pralinenschachteln, die Sie eventuell bei großzügigen Konditoren erstehen können.

Rumwürfel

Zutaten für 25 Stück:
25 g ungehärtetes Kokosfett
100 g Diabetikerschokolade »Vollmilch«
25 g weiche Butter · 2 EL Rum
ZUM BESTÄUBEN:
Kakaopulver

In einem kleinen Kochtopf bei milder Hitze das Kokosfett schmelzen.
Die Schokolade grob hacken und portionsweise im Kokosfett auflösen. Zuerst die Butter, dann den Rum unterrühren. Die Pralinenmasse fest werden lassen, bis sie eine streichfähige Konsistenz hat (30–60 Minuten im Kühlschrank).
Die Arbeitsfläche mit einem Bogen Pergamentpapier oder Klarsichtfolie auslegen. Die Pralinenmasse in die Mitte des Papiers geben und mit einem Messer zu einem Quadrat von 10x10 cm sorgfältig verstreichen. Dann die Pralinenmasse 2–3 Stunden mit Folie abgedeckt kalt stellen, bis sie ganz fest ist.
Einen flachen Teller gut mit Kakaopulver bestreuen.
Mit einem Messer die Pralinenmasse in 25 Würfel mit jeweils 2 cm Kantenlänge schneiden. Die Würfel auf allen 4 Seiten in Kakao-

pulver wälzen und in Pralinenkapseln setzen. Kühl – jedoch nicht im Kühlschrank – und luftdicht aufbewahren.
1 Würfel entspricht 0,15 BE.

Nährwert für 1 Würfel:
Eiweiß: 0,4 g · Fett: 4,5 g · KH: 2 g · BE: 0,15 · KJ: 213/Kcal: 53
Nährwert des ganzen Rezepts:
Eiweiß: 9 g · Fett: 107 g · KH: 52 g · BE: 4 · KJ: 5322/Kcal: 1272

Variante ohne Alkohol: **Mokkawürfel.** Anstatt Rum nehmen Sie 2 EL starken schwarzen Kaffee oder Getreidekaffee.

Florentiner

Selbstgebacken schmeckt dieses feine Mandelgebäck besonders delikat. Wollen Sie Florentiner Plätzchen für Ihren bunten Weihnachtsteller, formen Sie aus jeweils 1 TL Mandelmasse etwa 24 Plätzchen. Ansonsten bleibt die Zubereitung gleich. Der Nährwert halbiert sich natürlich pro Plätzchen.
Sehr apart sind auch Ingwerflorentiner. Dafür die Ingwermenge auf 1 TL erhöhen und 1 Msp Zimt zugeben.

Zutaten für 1 Backblech (12 Stück):
15 g Butter oder ungehärtete Diätmargarine
75 g Mandelblättchen · 48 g Fruchtzucker · 100 g Sahne
1 EL Orangensaft · 20 g Weizenvollkornmehl
½ TL geriebene Schale von 1 unbehandelten Orange
2 gute Msp Ingwer, gemahlen
Für die Glasur:
10 g ungehärtetes Kokosfett
60 g Diabetikerschokolade »Vollmilch« oder »Zartbitter«

Ein Backblech mit Backtrennpapier oder gefettetem Pergamentpapier auslegen. Den Backofen auf 180 °C vorheizen.
Die Butter bei kleiner Hitze in einer Pfanne schmelzen.
Mandeln, Zucker, Sahne, Orangensaft, Mehl und die Gewürze mischen und zur Butter geben. Unter Rühren bei kleiner Hitze die Mandelmasse 2–3 Minuten leicht ziehen lassen, bis sie leicht gebräunt und dicklich wird. Vom Feuer nehmen und etwas abkühlen lassen.
Aus jeweils ½ EL der Mandelmasse kleine Häufchen mit etwas Abstand auf das Blech drücken (7 cm Ø).
Die Florentiner bei 180 °C 15–20 Minuten goldbraun backen. Die letzten Minuten im Auge behalten, sie bräunen dann sehr schnell.
Die Florentiner auf dem Backpapier abkühlen lassen, dann vom Papier lösen und auf einem Kuchengitter fest werden lassen.
Für die Glasur das Kokosfett in einem kleinen Topf bei milder Hitze schmelzen. Die Schokolade grob hacken und portionsweise im Fett auflösen. Die Rückseite der Plätzchen satt mit der Glasur einpinseln. Gut trocknen lassen. In einer Blechdose kühl – nicht im Kühlschrank – aufbewahren.
1,5 Florentiner entsprechen 1 BE.

Nährwert für 1 Florentiner:
Eiweiß: 2 g · Fett: 9 g · KH: 8 g · BE: 0,6 · KJ: 533/Kcal: 127

Nährwert des ganzen Rezepts:
Eiweiß: 24 g · Fett: 113 g · KH: 100 g · BE: 8 · KJ: 6398/Kcal: 1529

Vanilletrüffel

Zutaten für 20 Stück:

25 g ungehärtetes Kokosfett · 100 g weiße Diabetikerschokolade

¼ TL Vanillepulver · 25 g weiche Butter · 2 EL Sahne

ZUM WÄLZEN:

25 g geschälte, feingeriebene Mandeln · 1 Msp Vanillepulver

In einem Töpfchen bei kleiner Hitze das Kokosfett schmelzen. Die Schokolade grob hacken und portionsweise im Kokosfett auflösen. Den Topf vom Herd nehmen. Vanille, Butter und Sahne unter die Schokolade rühren. Die Trüffelmasse im Kühlschrank ganz fest werden lassen.

Mit einem Teelöffel kirschgroße Kugeln von der Masse abstechen. Ergibt etwa 20 Stück. Die Trüffelmasse zwischen den Handflächen zu Kugeln rollen. Die Hände dabei immer wieder unter kaltem Wasser abkühlen, da die Masse sehr schnell schmilzt.

Einen flachen Teller oder ein kleines Tablett mit der Mischung aus geriebenen Mandeln und Vanille bestreuen. Die Kugeln daraufsetzen und durch leichtes Rütteln des Tellers darin wälzen.

Die Vanilletrüffel kühl aufbewahren.

5 Vanilletrüffel entsprechen 1 BE.

Nährwert für 1 Vanilletrüffel:

Eiweiß: 0,5 g · Fett: 5 g · KH: 2,5 g · BE: 0,2 · KJ: 266/Kcal: 64

Nährwert des ganzen Rezepts:

Eiweiß: 10 g · Fett: 108 g · KH: 52 g · BE: 4 · KJ: 5327/Kcal: 1273

Gewürzpralinen

Zutaten für 24 Stück:

100 g Diabetikerschokolade »Vollmilch«

25 g ungehärtetes Kokosfett · 25 g weiche Butter

25 g gemahlene Mandeln · gut ½ TL Zimtpulver

1 Msp Kardamom · 3 EL Sahne · 24 Pralinenkapseln

Die Schokolade grob hacken. Das Kokosfett bei milder Hitze in einem kleinen Topf zerlassen. Dann vom Herd nehmen und die Schokolade portionsweise darin auflösen. Die Butter, Mandeln, Gewürze und Sahne unter die Schokoladenmischung rühren. Diese Masse im Kühlschrank zugedeckt 45 Minuten fest werden lassen.

Sobald die Schokoladenmasse eine spritzfähige Konsistenz hat, sie kurz zu einer luftigen Creme aufschlagen und in einen Spritzbeutel mit Sterntülle füllen.

Die Pralinenkapseln auf ein Tablett oder großen Teller setzen und in jede ein knapp walnußgroßes Häufchen spritzen.

An einem kühlen Platz die Pralinen gut fest werden lassen.

1 Gewürzpraline entspricht 0,17 BE.

Nährwert für 1 Gewürzpraline:

Eiweiß: 0,5 g · Fett: 4,5 g · KH: 2 g · BE: 0,17 · KJ: 215/Kcal: 51

Nährwert des ganzen Rezepts:

Eiweiß: 10 g · Fett: 111 g · KH: 52 g · BE: 4 · KJ: 5502/Kcal: 1310

Mandelsplitter

Zutaten für 16 Stück:

100 g Mandelstifte · 12 g Fruchtzucker · 1 EL Orangensaft

¼ TL geriebene Orangenschale · 5 g Kokosfett, ungehärtet

50 g Diabetikerschokolade »Vollmilch«

Mandelstifte, Fruchtzucker, Orangensaft und -schale in eine Pfanne geben. Bei mittlerer Hitze unter ständigem Rühren die Mandeln hellbraun rösten. Aus der Pfanne nehmen und abkühlen lassen. Dabei die Mandelstifte mit einer Gabel auflockern, damit sie nicht zusammenkleben.

In einem kleinen Töpfchen das Kokosfett schmelzen. Die Schokolade hacken und in 2 Portionen im Kokosfett auflösen.

Die Mandeln in die Schokolade rühren, bis sie vollständig mit der Glasur überzogen sind.

Ein Blech mit Pergamentpapier belegen. Mit 2 Teelöffeln 16 kleine Häufchen auf das Blech setzen. Nach dem Trocknen die Mandelsplitter in einer Dose luftdicht verschließen und kühl aufbewahren.

1 Gebäckstück entspricht 0,25 BE.

Nährwert für 1 Mandelsplitte:

Eiweiß: 1 g · Fett: 5 g · KH: 3 g · BE: 0,25 · KJ: 250/Kcal: 60

Nährwert des ganzen Rezepts:

Eiweiß: 23 g · Fett: 74 g · KH: 45 g · BE: 4 · KJ: 3994/Kcal: 955

Nußbissen

(Foto Seite 139)

Zutaten für 20 Stück:
50 g Haselnüsse · 50 g Walnußkerne
100 g Diabetikerschokolade »Vollmilch«
1 EL Rum oder Sahne · 1–2 EL Sahne
ZUM VERZIEREN:
feingemahlene Pistazien, geschälte, gebräunte Mandelblättchen oder gerösteter Sesam

Die Haselnüsse unter häufigem Wenden in einer Pfanne bei kleiner Hitze leicht anrösten, dann abkühlen lassen.
Die Walnußkerne und die Haselnüsse im Mixer fein mahlen. Die Schokolade in grobe Stücke teilen und zu den Nüssen in den Mixer geben. Die Schokolade zusammen mit den Nüssen mahlen, bis die Nuß- und die Schokoladenstücke die gleiche Beschaffenheit haben. Die Nuß-Schokolade-Mischung in eine Schüssel geben, den Rum unterrühren und so viel Sahne, daß die Masse gut formbar, aber nicht zu klebrig wird.
Aus jeweils 1 leicht gehäuften TL Nußmasse Kugeln formen, in Pistazien, Mandelblättchen oder Sesam wälzen und kühl aufbewahren.
4 Nußbissen entsprechen 1 BE.

Nährwert für 1 Praline:
Eiweiß: 1 g · Fett: 6 g · KH: 3 g · BE: 0,25 · KJ: 367/Kcal: 88

Nährwert des ganzen Rezepts:
Eiweiß: 28 g · Fett: 121 g · KH: 63 g · BE: 5 · KJ: 7357 Kcal: 1758

Marzipan

Zutaten für 380 g:

250 g Mandeln · 95 g Fruchtzucker

1 EL Rosenwasser · 3 EL Sahne

Die Mandeln in heißes Wasser schütten, 30 Sekunden ziehen und in einem Sieb abtropfen lassen. Die braunen Häutchen abziehen und die Mandeln auf einem Backblech ausgebreitet 30 Minuten bei 100 °C im Backrohr trocknen, dann abkühlen lassen.
Die Mandeln im elektrischen Schlagwerk mehlfein mahlen. Mit Fruchtzucker, Rosenwasser und Sahne zu einer geschmeidigen Masse verkneten. Luftdicht verpacken und im Kühlschrank aufbewahren.
38 g Marzipan entsprechen 1 BE.

Nährwert für 38 g Marzipan:
Eiweiß: 5 g · Fett: 15 g · KH: 12 g · BE: 1 · KJ: 862/Kcal: 206

Nährwert des ganzen Rezepts:
Eiweiß: 49 g · Fett: 154 g · KH: 120 g · BE: 10 · KJ: 8632/ Kcal: 2063

Königsberger Marzipanherzen

Bei diesem Konfekt kommen alle, die gerne verzieren, auf ihre Kosten. Die Marzipanherzen werden mit einem Holzstäbchen fantasievoll verziert, unter dem Grill kurz gebräunt und anschließend mit Hagebuttenmarmelade gefüllt.
Selbstverständlich können anstatt Herzen auch andere Formen

ausgestochen werden. Die Königsberger Marzipanherzen sind sehr hübsch als Baumschmuck.

Zutaten für ca. 16 Herzen (5 cm breit):

200 g Marzipan (s. S. 118) · 1 Eiweiß · 1 Eigelb

75 g Hagebuttenmarmelade (mit Fruchtzucker gesüßt) oder eine andere rote Marmelade

Das Marzipan zwischen 2 Lagen Pergamentpapier ca. 3–4 mm dick auswellen und Herzen ausstechen. Die Hälfte der Herzen mit einem Apfelausstecher in der Mitte mit einem Loch versehen. Reste zusammenkneten, auswellen und ausstechen. Ergibt insgesamt ca. 32 Herzen (16 mit Loch und 16 ohne Loch).
Die »ungelochten« Herzen auf ein Backblech legen. Das Eiweiß etwas verschlagen, die Herzen damit bestreichen und mit einem »gelochten« Herzen abdecken.
Den Backofen auf 250 °C oder den Grill vorheizen.
Die Ränder der Herzen mit dem Holzstäbchen fein verzieren. Mit Eigelb bestreichen und auf der obersten Schiene im Backofen ca. 3–4 Minuten oder 40–55 Sekunden unter dem Grill hellgelb überbräunen. Immer wieder nachschauen, das geht sehr schnell! Dann die Herzen auf ein Kuchengitter legen.
Zum Füllen die Marmelade in einem kleinen Topf dick einkochen lassen und sofort in die »Löcher« füllen. Abkühlen lassen.
Zum Aufhängen mit einer Nadel einen Faden durch das Konfekt ziehen.
2 Marzipanherzen entsprechen 1 BE.

Nährwert für 1 Marzipanherz:
Eiweiß: 2 g · Fett: 5 g · KH: 6 g · BE: 0,5 · KJ: 357/Kcal: 85

Nährwert des ganzen Rezepts:
Eiweiß: 28 g · Fett: 84 g · KH: 92 g · BE: 8 · KJ: 5712/Kcal: 1365

Ingwerstäbchen

Zutaten für 24 Stück:

120 g Marzipan (s. S. 118, dafür anstatt Rosenwasser Sahne verwenden

3 TL frisch geriebene Ingwerwurzel · 2 g Kokosfett

25 g Diabetikerschokolade »Vollmilch«

Marzipan und Ingwer gut verkneten.
Das Ingwermarzipan auf Pergamentpapier zu einem Rechteck von 10x12 cm auswellen. Mit Lineal und Messer daraus 12 Streifen mit 10 cm Länge schneiden. Diese Streifen nochmals quer halbieren.
Für die Glasur das Kokosfett bei kleiner Hitze in einem Töpfchen zerlassen. Die Schokolade in Stückchen schneiden und im Kokosfett auflösen.
Die Ingwerstäbchen gegebenenfalls noch etwas nachformen, an beiden Seiten knapp in die Glasur tauchen und auf einem Kuchengitter trocknen lassen.
6 Ingwerstäbchen entsprechen 1 BE.

Nährwert für 1 Ingwerstäbchen:
Eiweiß: 1 g · Fett: 2 g · KH: 2 g · BE: 0,16 · KJ: 134/Kcal: 32

Nährwert des ganzen Rezepts:
Eiweiß: 17 g · Fett: 54 g · KH: 48 g · BE: 4 · KJ: 3211/Kcal: 767

Zimt-Mandel-Konfekt

Hier können auch Kinder mitwirken. Aus einem Zimt-Marzipan-Teig werden mit Miniausstechförmchen Blüten, Sterne, Herzen und ähnliches ausgestochen. Die Ränder werden mit etwas Sahne bestrichen und in Schokoladenraspel gewälzt.

Die Oberfläche kann mit halben Pistazien, geschälten Mandelstückchen oder Pinienkernen garniert werden.
Wer keine kleinen Ausstechförmchen hat, formt aus dem Marzipan 2 Rollen à 12 cm und schneidet 1 cm breite Streifen ab. Die Ränder ebenfalls in geriebener Schokolade wälzen.

Zutaten für ca. 24 Stück:
120 g Marzipan (s. S. 118, dafür anstatt Rosenwasser Sahne nehmen)
1 gestrichener TL Zimtpulver
10 g Vollmilchschokolade, mit Fruchtzucker gesüßt
1 EL Sahne
ZUM GARNIEREN:
geschälte, gemahlene Mandeln, Pistazienkrümel oder -hälften

Das Marzipan gründlich mit dem Zimt verkneten.
Auf Pergamentpapier knapp 1 cm dick auswellen und verschiedene Formen ausstechen.
Die Schokolade fein reiben.
Die Ränder der Marzipanformen mit Sahne einpinseln und in der Schokolade wälzen.
Die Oberfläche des Konfekts nach Fantasie und Vorräten verzieren. Zum »Ankleben« kann auch hier etwas Sahne verwendet werden.
8 Stück Zimt-Mandel-Konfekt entsprechen 1 BE.

Nährwert für 1 Zimt-Mandel-Konfekt:
Eiweiß: 0,5 g · Fett: 2 g · KH: 1,5 g · BE: 0,13 · KJ: 118/Kcal: 28

Nährwert des ganzen Rezepts:
Eiweiß: 15 g · Fett: 46 g · KH: 40 g · BE: 3 · KJ: 2836 Kcal: 678

Variante: Wer keinen Zimt mag, kann den Teig mit etwas Vanille abschmecken oder Marzipan wie im Originalrezept (s. S. 118, mit Rosenwasser) verwenden.

Caroberdnüsse

Dieses Konfekt erhält seine Süße ausschließlich durch feingemahlenes Johannisbrot, auch Carob genannt. Die Carobtafel wird aus Carob und Pflanzenfett hergestellt, sieht ähnlich aus wie Schokolade, schmeckt jedoch ganz anders. Ihr Nährwert ist ähnlich dem von Schokolade.
Das Besondere an der Carobtafel: Die Kohlenhydrate liegen hier im natürlichen Verband vor und werden nicht, wie dies bei Schokolade der Fall ist, isoliert (als Fruchtzucker) zugesetzt.

Nährwertanalyse für 1 Carobtafel (100 g):
Eiweiß: 2,7 g · Fett: 48,9 g · KH: 44 g · BE: 3,6 · KJ: 2260/ Kcal: 538

Zutaten für 300 g Caroberdnüsse:
1 Carobfafel natursüß (Reformhaus oder Naturkostladen)
10 g ungehärtetes Kokosfett
200 g Erdnußkerne, nicht gesalzen

Die Carobtafel in kleine Würfel schneiden.
Das Kokosfett in einem kleinen Topf bei milder Hitze schmelzen. Die Carobwürfel unter Rühren darin auflösen. Die Erdnußkerne unter die Caroblösung rühren.
Ein Blech mit Alufolie auslegen. Mit einem Teelöffel kleine Häufchen auf das Blech setzen und fest werden lassen. Die Erdnußhäufchen von der Folie lösen.

Kühl (nicht im Kühlschrank) und luftdicht aufbewahren.
60 g Caroberdnüsse entsprechen 1 BE.

Nährwert für 60 g Caroberdnüsse:
Eiweiß: 11 g · Fett: 32 g · KH: 12 g · BE: 1 · KJ: 1506/Kcal: 360

Nährwert des ganzen Rezepts:
Eiweiß: 56 g · Fett: 158 g · KH: 62 g · BE: 5 · KJ: 7527/Kcal: 1799

Weihnachtskugeln aus Schokopuffreis

Schokoladenpuffreis selbstgemacht, daraus lassen sich auch einfache Formen modellieren: Herzen, Würfel, Eier ...
Am besten gelingt das, indem Sie den Schokopuffreis in Klarsichtfolie geben, diese gut verschließen und so dem Puffreis ohne verschmierte Hände die gewünschte Form geben können. Dann 12 Stunden an einem kühlen Ort fest werden lassen und aus der Folie nehmen.
Am einfachsten lassen sich folgende luftige Weihnachtskugeln herstellen:

Zutaten für 5 Stück:
10 g Kokosfett, ungehärtet
100 g Diabetikerschokolade »Vollmilch«
15 g Puffreis aus Naturreis (Reformhaus)

Kokosfett in einem kleinen Töpfchen bei milder Hitze zerlassen. Die Schokolade grob hacken. Den Topf vom Herd nehmen und

die Schokolade unter Rühren portionsweise darin auflösen. Den Puffreis unterrühren und die Masse kühl stellen.
Ist die Puffreismasse abgekühlt und halbfest, 5 Portionen mit gut 20 g abwiegen und diese rasch zu Kugeln formen. Ca. 12 Stunden an einem kühlen Platz durchtrocknen lassen.
Die Kugeln einzeln in Zellophanpapier wickeln, mit bunten Bändern zubinden, diese eventuell zu einer Schleife schlingen und an einem Bindfaden an den Zweigen des Weihnachtsbaumes befestigen.
1 Puffreiskugel entspricht 1 BE.
Auch hübsch als kleines Adventsmitbringsel.

Nährwert für 1 Kugel:
Eiweiß: 2 g · Fett: 8 g · KH: 12 g · BE: 1 · KJ: 699/Kcal: 167

Nährwert des ganzen Rezepts:
Eiweiß: 9 g · Fett: 40 g · KH: 59 g · BE: 5 · KJ: 3494/Kcal: 835

Schnee- und Weihnachtsmänner

Schneemänner und Weihnachtsmänner aus einer Pralinenmasse ganz leicht gemacht. Hübsch zum Nikolaustag oder auf dem »bunten Teller«.

Zutaten für 4 Stück:
100 g Haselnüsse oder geschälte Mandeln
100 g weiße Diabetikerschokolade
100 g Diabetikerschokolade »Vollmilch«
2 EL Sahne oder Rum · 10 g ungehärtetes Kokosfett
ZUM WÄLZEN:
1 EL Kakaopulver, ungesüßt · 2 EL Kokosflocken, fein
ZUM VERZIEREN:
rotes und schwarzes Glanzpapier · Watte
weiße und schwarze Pfefferkörner · 1 kleines Stück Möhre
Zitronensaft · kleine Tannenzweiglein

Die Haselnüsse oder Mandeln auf einem Blech im vorgeheizten Backrohr bei 175°C 5 Minuten rösten, bis sie aromatisch duften, dann abkühlen lassen.
Die Schokoladentafeln getrennt in Würfel schneiden. Jeweils die Hälfte der beiden Schokoladensorten zusammen mit den Nüssen im Mixer fein mahlen. Dann in eine Schüssel geben und Sahne bzw. Rum unterkneten. Aus dem Schokoladenteig 4 Kugeln à 40 g und 4 Kugeln à 20 g formen. Auf jede größere Kugel eine kleine setzen, behutsam festdrücken und 1 Stunde im Kühlschrank fest werden lassen.
In einem kleinen Töpfchen bei milder Hitze 5 g Kokosfett schmelzen. Den Topf vom Herd nehmen, die restliche weiße Schokolade unter Rühren darin auflösen. 2 Figuren mit der weißen Glasur gut einpinseln und bei Zimmertemperatur antrocknen lassen.

Die Vollmilchschokolade im restlichen Kokosfett schmelzen und die anderen 2 Figuren damit glasieren. Etwas antrocknen lassen. 2 TL Glasur als »Klebstoff« zurückbehalten.
Sobald die Glasuren fast trocken sind, Kakaopulver und Kokosflocken getrennt auf einen flachen Teller schütten. Die Schokoladenfiguren vorsichtig im Kakaopulver wälzen, die weißen Körper in den Kokosflocken.
Zum Dekorieren die Figuren hinstellen. Für die Weihnachtsmänner aus rotem Papier 2 tütenförmige Mützen schneiden, zukleben und auf die Schokoladenkörper setzen. Mit den weißen Pfefferkörnern die Augen andeuten und mit der restlichen Glasur (falls fest, leicht erwärmen) kleine Wattebärte ankleben. Für die Schneemänner aus dem schwarzen Papier Rechtecke von ca. 8x3 cm ausschneiden, zu »Zylindern« drehen und zusammenkleben. Die Hüte aufsetzen, mit schwarzen Pfefferkörnern die Augen betonen, aus der Möhre kleine Dreiecke als Nase zurechtschneiden, mit Zitronensaft beträufeln, abtupfen und ins Gesicht setzen. Auf »Armhöhe« kleine Tannenzweiglein in den Körper stecken. An einem kühlen Platz aufbewahren.
1 »Mann« entspricht 2 BE.

Nährwert für 1 Schnee- bzw. Weihnachtsmann:
Eiweiß: 9 g · Fett: 36 g · KH: 27 g · BE: 2 · KJ: 1980/Kcal: 437

Nährwert des ganzen Rezepts:
Eiweiß: 37 g · Fett: 146 g · KH: 108 g · BE: 8 · KJ: 7919/Kcal: 1893

Pistazien-Marzipan-Laib als Adventskalender

Zutaten für 1 Laib (24 cm lang):

FÜR DIE FÜLLUNG:

70 g geschälte Mandeln · 20 g Pistazien

30 g Fruchtzucker · 1 EL Orangensaft

1 Msp Orangenschale, gerieben · 2 Spritzer Zitronensaft

FÜR DIE GLASUR:

10 g Kokosfett, ungehärtet

40 g Diabetikerschokolade »Vollmilch« oder »Zartbitter«

ZUM BESCHRIFTEN:

5 g ungehärtetes Kokosfett · 10 g weiße Diabetikerschokolade

ZUM BESTREUEN:

1 TL gemahlene Pistazien

Die Mandeln mit den Pistazien im elektrischen Schlagwerk mehlfein mahlen. Mit Fruchtzucker, Orangensaft und -schale zu einem glatten Teig verkneten. Mit dem Zitronensaft das Pistazien-Marzipan fein fruchtig abschmecken.

Das Marzipan zu einem 24 cm langen, gleichmäßigen Strang rollen. Diesen an den Enden wie bei einem Brotlaib rund formen und auf Klarsichtfolie legen. Die Oberfläche etwas abtrocknen lassen.

In einem kleinen Topf das Kokosfett bei milder Hitze auflösen. Den Topf vom Herd nehmen, Schokolade grob hacken und portionsweise unter Rühren im Kokosfett schmelzen lassen.

Die Schokoladenlösung über den Marzipanlaib gießen und mit einem Messer verteilen. Während des Trocknens die an den Seiten heruntergeflossene Glasur mit einem Messer immer wieder über den Marzipanlaib streichen.

Zum Beschriften eine kleine Spritztüte (s. S. 15) formen. Kokosfett in einem Töpfchen schmelzen. Die Schokolade hacken und bei sehr milder Hitze unter Rühren darin auflösen. Die Schokolade in die Spritztüte füllen und die Oberfläche des Marzipanlaibs wie bei einem Lineal mit 24 Querstrichen jeweils im Abstand von 1 cm versehen. Die 5er-, 10er-, 15er-Markierung mit einem längeren oder dickeren Strich andeuten. Mit den Pistazien bestreuen.

Den Pistazien-Marzipan-Laib gut trocknen lassen.

Den Laib locker in Zellophanpapier schlagen, an den Enden mit roten Bändern zubinden. Jeden Tag eine 1 cm breite Scheibe des Marzipanbrotes abschneiden.

Diese Scheibe entspricht 0,2 BE.

Nährwert für 1 Scheibe Pistazien-Marzipan-Laib:

Eiweiß: 1 g · Fett: 3 g · KH: 2,5 g · BE: 0,2 · KJ: 185/Kcal: 44

Nährwert des ganzen Rezepts:

Eiweiß: 22 g · Fett: 80 g · KH: 63 g · BE: 5 · KJ: 4439/Kcal: 1061

Gefüllte Schokoladentaler als Adventskalender

Zutaten für 24 Stück:

120 g Marzipan (s. S. 118)

Für die Glasur:

10 g Kokosfett, ungehärtet

50 g Diabetikerschokolade »Zartbitter«

Zum Beschriften:

5 g Kokosfett, ungehärtet

10 g weiße Diabetikerschokolade

Das Marzipan kurz durchkneten und zwischen Klarsichtfolie 4 bis 5 mm stark auswellen. Mit einem Ausstechförmchen von 2,5 cm Ø 24 Kreise ausstechen und auf einem Kuchengitter etwas antrocknen lassen.
Für die Glasur das Kokosfett in einem kleinen Kochtopf bei milder Hitze schmelzen. Die Schokolade grob hacken und portionsweise im Kokosfett unter Rühren auflösen.
Die Marzipantaler nacheinander auf einer Gabel in das Schokoladenbad tauchen, über dem Kochtopf abtropfen und auf dem Kuchengitter trocknen lassen.
Zum Beschriften eine kleine Spritztüte falten (s. S. 15). Dann das Kokosfett bei kleiner Hitze in einem Kochtöpfchen schmelzen. Den Topf vom Herd nehmen und die grob zerkleinerte weiße Schokolade unter Rühren darin auflösen. Die Schokoladenlösung in die Spritztüte füllen und die Taler rasch von 1–24 durchnumerieren. Gut trocknen lassen.
Die Taler vorsichtig vom Kuchengitter lösen, in Pralinenkapseln setzen und in einer Klarsichtkonfektschachtel kühl aufbewahren oder verschenken.
1 Taler entspricht 0,25 BE.

Nährwert für 1 Schokoladentaler:
Eiweiß: 1 g · Fett: 3 g · KH: 3 g · BE: 0,25 · KJ: 185/Kcal: 44

Nährwert des ganzen Rezepts:
Eiweiß: 20 g · Fett: 80 g · KH: 65 g · BE: 5,5 · KJ: 4468/Kcal: 1168

Variante für Erwachsene: Anstatt mit Sahne und Rosenwasser kann das Marzipan auch mit Rum parfümiert werden.

Knusperhaus als Adventskalender

Ein großer Schokoladenlebkuchen als »Haus« wird mit 24 »Fensterchen« als Plätzchen bestückt. Die Zwischenräume werden mit zuckerfreien Gummibärchen, Mandelstiften und Pistazien verziert.
Beschriftet werden die »Fenster« mit Marzipan.

Zutaten für das Lebkuchenhaus:
72 g Fruchtzucker · 2 EL Milch
30 g Butter oder ungehärtete Diätmargarine
1 Eigelb · 95 g Dinkelvollkornmehl · 85 g gemahlene Mandeln
1½ TL Lebkuchengewürz · ¾ TL Pottasche · ½ EL Wasser
Für die Plätzchen:
1 Rezept Ausstecherle (s. S. 48) · 30 g Marzipan (s. S. 118)
Zum Verzieren:
100 g Diabetikerschokolade »Vollmilch«
10 g ungehärtetes Kokosfett
100 g ungezuckerte Gummibärchen (aus Fruchtsaft), im Reformhaus erhältlich
Mandelstifte, Pinienkerne oder Pistazien

Für das Lebkuchenhaus den Zucker mit der Milch und Butter in einem kleinen Topf zum Kochen bringen, dann abkühlen lassen.
Die Zuckerlösung mit dem Eigelb 2 Minuten schaumig schlagen.
Das Dinkelmehl mit den Mandeln und dem Lebkuchengewürz mischen. Die Pottasche in ½ EL Wasser auflösen. Eigelbcreme, Mehlmischung und Pottasche miteinander verrühren und abgedeckt 4 Stunden im Kühlschrank ruhen lassen.
Eine Schablone für das Lebkuchenhaus aus Pappe ausschneiden (Maße siehe Zeichnung s. S. gegenüber).

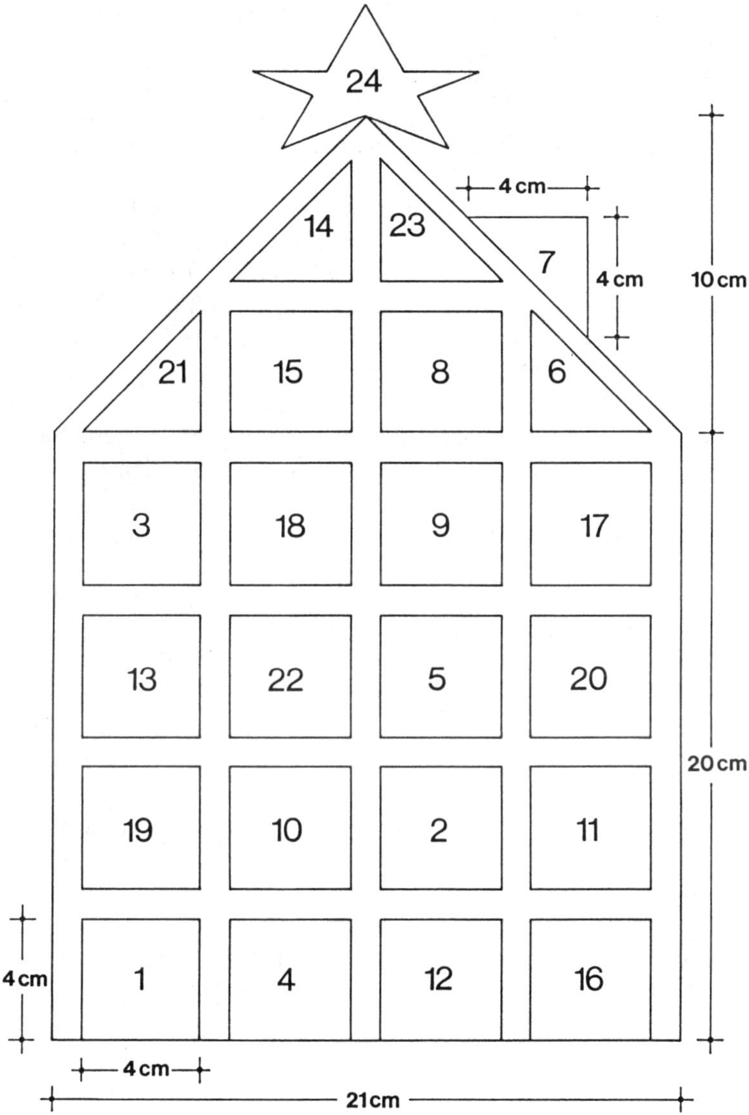
24
14
23
7
4 cm
4 cm
10 cm
21
15
8
6
3
18
9
17
13
22
5
20
19
10
2
11
20 cm
1
4
12
16
4 cm
4 cm
21 cm

Inzwischen für die Plätzchen den Teig (s. S. 48) zubereiten und 1 Stunde im Kühlschrank ruhen lassen.
Auf leicht bemehlter Arbeitsplatte den Teig unter Folie ca. 4 mm dick auswellen, 21 Plätzchen von 4x4 cm und einen Stern aus dem Teig arbeiten. 3 Plätzchen diagonal zu Dreiecken durchschneiden.
Den Backofen auf 180 °C vorheizen. Die Plätzchen auf das Blech setzen, mit Eigelb bestreichen und bei 180 °C 16–18 Minuten goldgelb backen. Auf einem Kuchengitter auskühlen lassen.
Zum Beschriften der Plätzchen das Marzipan zu dünnen Röllchen formen, kleine Zahlen daraus bilden und die 18 Quadrate und 5 Dreiecke von 1–23 durchnumerieren. Der Stern erhält die 24.
Für das Lebkuchenhaus das Backblech gut einfetten. Den Backofen auf 180 °C vorheizen. Den Lebkuchenteig auf der bemehlten Arbeitsfläche unter Folie auf Schablonengröße ausrollen, zurechtschneiden und bei 180 °C 20–22 Minuten backen. Den Lebkuchen vorsichtig auf ein Kuchengitter heben und auskühlen lassen.
Zum Garnieren und als »Klebstoff« die Schokolade in kleine Stükke schneiden. Das Kokosfett bei milder Hitze schmelzen und die Schokolade portionsweise darin auflösen. ½ TL Glasur beiseite stellen. Die Rückseite des Lebkuchens mit der Schokoladenglasur bestreichen.
Die Plätzchen mit ½ cm Abstand auf das Lebkuchenhaus »kleben«, mit der restlichen Glasur den Stern am Dachfirst befestigen.
Die Zwischenräume bei den Plätzchen mit Gummibärchen, Pistazien, Mandelstiften, Pinienkernen oder was sonst an Nüssen vorrätig ist, hübsch dekorieren.
Das Knusperhaus gut trocknen lassen.
Auf einer Porzellan-, Glas- oder Silberplatte aufbewahren. Das Lebkuchenhaus eignet sich nicht zum Aufhängen.

Tips zum »Knuspern«:
Ein quadratisches Plätzchen entspricht ca. ⅓ BE. Ein dreieckiges ⅙ BE.

Die Mandeln, Nüsse und zuckerfreien Gummibärchen können einzeln ohne Anrechnung genascht werden. Da die Schokoladenseite nun recht unansehnlich geworden ist, können vom Lebkuchen Stücke heruntergeschnitten werden.
18 g Lebkuchen entsprechen 1 BE.

Nährwert des Lebkuchenhaus:
Eiweiß: 38 g · Fett: 109 g · KH: 185 g · BE: 15 · KJ: 7975/Kcal: 1906

Nährwert der gesamten Plätzchenmenge:
Eiweiß: 13 g · Fett: 51 g · KH: 96 g · BE: 8 · KJ: 3551/Kcal: 849

Schneller Adventskalender

Für diesen Kalender brauchen Sie Reiscräcker. Dies sind Plätzchen aus Vollkornpuffreis und im Handel erhältlich. Achten Sie auf ungesalzene Reiscräcker.

Zutaten für 24 Stück:
24 Reiscräcker mit 4,5 cm Ø (Gesamtgewicht ca. 58 g)
15 g ungehärtetes Kokosfett
60 g Vollmilchschokolade, mit Fruchtzucker gesüßt
1 gestrichener TL Kakaopulver

Die Reiscräcker zur Kontrolle nachwiegen.
Das Kokosfett in einem kleinen Topf bei milder Hitze schmelzen. Die Schokolade in Stücke schneiden. Den Topf vom Herd ziehen und die Schokolade im Kokosfett auflösen. Die Glasur kurz verrühren.
Die Reiscräcker mit einer Seite in die Glasur tauchen und mit der Glasurseite nach oben auf einem Kuchengitter trocknen lassen.

Eine Spritztüte falten (s. S. 15). Die restliche Glasur vorsichtig erwärmen, den Kakao unterrühren und in die Spritztüte füllen.
Die Reiscräcker auf der Schokoladenseite von 1–24 durchnumerieren. Trocknen lassen.
Luftdicht verschlossen in einer hübschen Blechdose verschenken oder aufbewahren.
1 Reiscräcker entspricht 0,25 BE.

Nährwert für 1 Reiscräcker mit Glasur:
Eiweiß: 1 g · Fett: 1 g · KH: 3 g · BE: 0,25 · KJ: 116/Kcal: 28

Nährwert des ganzen Rezepts:
Eiweiß: 10 g · Fett: 34 g · KH: 75 g · BE: 6 · KJ: 2787/Kcal: 666

Stollen, Zöpfe und Hefekleingebäck

In diesem Kapitel finden Sie vor allem Hefegebackenes. Solches, das frisch aus dem Ofen am besten schmeckt, also Kleingebäck, Zöpfe und Striezel mit eher »mageren« Zutaten. Und etwas üppigere Bäckereien, sogenannte Weihnachtsbrote wie Quarkstollen, Früchtebrot und den besonders in Italien beliebten Panettone. All diese gehaltvolleren Gebäcke sind länger haltbar und gewinnen geschmacklich durch die Lagerung. Ihre Entstehung rührt aus dem Gedanken her, in der Weihnachtszeit Ruhe und Besinnung einkehren zu lassen und die Arbeit auf ein Minimum zu beschränken.

Übrigens, einen typischen Christstollen werden Sie in diesem Buch vergeblich suchen. Durch seinen hohen Anteil an Rosinen, Zitronat und Orangeat ist er für Diabetiker nicht geeignet.

Machen Sie doch den Quarkstollen oder einen Striezel oder Zopf, den Sie gerne mögen, zu Ihrem persönlichen Christstollen.

Quarkstollen

Dieser Quarkstollen geht beim Backen mächtig auf. Er kann in einer Stollenbackform (Länge ca. 30 cm) oder zum Stollen geformt, direkt auf dem Backblech gebacken werden.

Zutaten für 1 Stollen von ca. 1180 g:
60 g ungeschwefelte Aprikosen
200 g weiche Butter oder ungehärtete Diätmargarine
90 g Fruchtzucker · 2 Eier · ½ TL Vanillepulver
½ TL Zimtpulver · ¼ TL Kardamom
1 Msp Piment, gemahlen · 1 Msp Muskatnuß, gemahlen
Schale von ½ unbehandelten Zitrone
80 g Mandeln, fein gemahlen · 250 g Quark
1 Päckchen Backpulver · 500 g Dinkelvollkornmehl
ZUM BESTREICHEN:
40 g Butter
ZUM BESTREUEN:
40 g geschälte Mandeln, mehlfein gemahlen

Die Aprikosen in kleine Würfel schneiden. Den Backofen auf 175°C vorheizen.
Die Butter mit dem Zucker cremig rühren. Nacheinander die Eier zugeben und die Masse schaumig rühren (insgesamt ca. 8 Minuten).
Dann die Gewürze, die Zitronenschale, die Mandeln, den Quark und die Aprikosen rasch unter die Schaummasse rühren.
Das Backpulver mit dem Mehl gründlich mischen und unter den Teig arbeiten.
Eine Stollenbackform und ein Backblech einfetten.

Den Teig auf der leicht bemehlten Arbeitsfläche zu einem Rechteck von 20x30 cm auswellen, der Länge nach so zusammenklappen, daß ein gut 2 cm breiter Rand frei bleibt und auf das Blech legen.
Oder (falls Sie eine Stollenform haben) den Teig zu einem 30 cm langen abgerundeten Laib formen, in die Form geben und auf das Blech setzen.
Den Quarkstollen bei 175°C ca. 70 Minuten goldbraun backen. Eventuell nach der halben Backzeit abdecken, damit die Oberfläche nicht zu dunkel wird.
Kurz vor Backende die Butter zerlassen. Den heißen Stollen sofort mit der Butter bestreichen und mit den Mandeln bestreuen. Dies geht am besten stückchenweise, damit die Butter nicht zu schnell einzieht und die Mandeln haften bleiben.
Den Quarkstollen auf einem Kuchengitter auskühlen lassen. Nach dem Auskühlen in Alufolie schlagen und kühl aufbewahren. Vor dem Anschneiden mindestens 2 Tage ruhen lassen.
33 g Quarkstollen entsprechen 1 BE.

Nährwert für 33 g Quarkstollen:
Eiweiß: 4 g · Fett: 8 g · KH: 12 g · BE: 1 · KJ: 570/Kcal: 136

Nährwert des ganzen Quarkstollens:
Eiweiß: 132 g · Fett: 288 g · KH: 449 g · BE: 36 · KJ: 20519/ Kcal: 4904

Tip: Wenn Sie den Quarkstollen am Schluß nicht mit Butter bestreichen und mit den Mandeln bestreuen, können Sie pro BE (33 g) Quarkstollen 62 KJ bzw. 15 Kcal einsparen.

Früchtebrot

Das im Handel erhältliche Früchtebrot ist fast immer mit Zitronat, Orangeat und Rosinen zubereitet und somit für Diabetiker nicht gut geeignet. Probieren Sie einmal dieses. Es ist weniger süß und sehr saftig.

Zutaten für 1 Kastenform (30 cm lang) und 1 Kastenform (20 cm lang):
FÜR DIE FRUCHTMISCHUNG:
120 g getrocknete Aprikosen, ungeschwefelt
120 g getrocknete Äpfel, ungeschwefelt
120 g getrocknete Pflaumen, ohne Stein gewogen
120 g getrocknete Feigen · 30 g Walnußkerne · 40 g Mandeln
30 g Haselnüsse · ½ EL Zimtpulver
1 gute Msp Piment, gemahlen · 1 gute Msp Anis, gemahlen
1 gute Msp Nelken, gemahlen
FÜR DEN VORTEIG:
150 g Roggen, mittelfein gemahlen · ¼ TL Vollmeersalz
180 g Einweichwasser von den Trockenfrüchten
FÜR DEN HAUPTTEIG:
15 g Hefe · 200 g Weizenvollkornmehl, fein gemahlen
50–60 g Einweichwasser der Trockenfrüchte
ZUM GARNIEREN:
20 geschälte Mandelhälften, restliche Einweichflüssigkeit für die Glasur

Die Trockenfrüchte in eine große Schüssel geben und knapp mit Wasser bedeckt 4 Stunden quellen lassen.

Nußbissen (Rezept Seite 117)

Die Trockenfrüchte in einem Sieb abtropfen lassen, das Einweichwasser aufbewahren.
Die Trockenfrüchte kleinschneiden und abgedeckt über Nacht durchziehen lassen.
Gleichzeitig für den Vorteig das Roggenmehl mit Salz und 180 g Einweichwasser verrühren und abgedeckt über Nacht bei Zimmertemperatur gären lassen.
Am nächsten Morgen die verschiedenen Nüsse und Gewürze zu den Trockenfrüchten mischen und durchziehen lassen. Zwischenzeitlich den Vorteig zusammen mit dem Weizenvollkornmehl und der Hefe zusammenkneten. Ist der Hefeteig zu trocken, noch Einweichflüssigkeit dazugeben (erfahrungsgemäßig 60 g). Den Hefeteig insgesamt 8–10 Minuten kräftig kneten. Dann den Hefeteig zugedeckt an einem warmen Platz gehen lassen, bis sich sein Volumen verdoppelt hat (ca. 50–60 Minuten).
Inzwischen die Kastenform gut einfetten. Die leeren Kastenformen wiegen und das Gewicht notieren.
Die Trockenfruchtmischung unter den Hefeteig arbeiten. Die Kastenform gut halbvoll füllen, den Teig mit einem nassen Löffel glattstreichen und mit den Mandelhälften garnieren.
Die Früchtebrote mit feuchten Tüchern abgedeckt bei Zimmertemperatur gehen lassen, bis sich ihr Volumen etwa verdoppelt hat. Das dauert ca. 3½–4 Stunden, da der Teig sehr schwer ist.
Vor dem Backen die gefüllten Kastenformen nochmals wiegen. Davon ziehen Sie nun das Gewicht der leeren Backformen ab, so erhalten Sie das Teiggewicht.
Wiegt der Teig nach dem Backen 10 Prozent weniger, so ist er durchgebacken.
Besonders bei sehr feuchten Gebäcken – wie Früchtebrot – ist dies die zuverlässigste Garprobe.
Die Backformen auf der untersten Schiene in den kalten Backofen schieben und die Oberfläche mit gefetteter Alufolie abdekken. Bei 200 °C 60 Minuten backen. Dann die Alufolie entfernen und die Brote bei 180 °C weiterbacken, bis sich das Teiggewicht um 10 Prozent verringert hat. Das dauert etwa noch 50–60 Minu-

ten. Während der letzten 20 Minuten Backzeit die Oberfläche der Früchtebrote eventuell wieder mit Alufolie abdecken, damit sie nicht zu dunkel wird.
Das restliche Einweichwasser der Früchte in einem kleinen Kochtopf dickflüssig einkochen lassen und die Oberfläche der Brote unmittelbar nach dem Backen damit glasieren.
Die Früchtebrote auf einem Kuchengitter 2 Tage abkühlen lassen. Dann in Alufolie einschlagen und kühl aufbewahren (Keller, Kühlschrank). So bleibt das Früchtebrot gut 2 Monate lang frisch.
30 g Früchtebrote entsprechen 1 BE.

Nährwert für 30 g Früchtebrot:
Eiweiß: 2 g · Fett: 2 g · KH: 12 g · BE: 1 · KJ: 303/Kcal: 72

Nährwert des ganzen Rezepts:
Eiweiß: 69 g · Fett: 75 g · KH: 486 g · BE: 40 · KJ: 12118/ Kcal: 2896

Eine feine *Variante:* Die Pflaumen 1 Woche vor dem Backen in Cognac oder Pflaumenschnaps einlegen.

Aprikosenzopf

Zutaten für einen 580 g-Zopf:

180 g kaltes Wasser · 20 g Hefe · 48 g Fruchtzucker

½ TL Vollmeersalz · Schale von ½ unbehandelten Zitrone

320 g Weizenvollkornmehl

50 g weiche Butter oder ungehärtete Diätmargarine

45 g getrocknete, ungeschwefelte Aprikosen, klein gewürfelt

ZUM BESTREICHEN:

½ Eigelb · 1 TL Wasser

Das Wasser mit Hefe, Zucker, Salz, Zitronenschale, Mehl und Butter in die Küchenmaschine oder Rührschüssel geben und 10 Minuten kneten. Am Schluß kurz die Aprikosen unterkneten. Den Hefeteig mit einem feuchten Tuch abgedeckt 45 Minuten gehen lassen.
Ein Backblech einfetten.
Den Hefeteig nochmals kurz zusammenschlagen und in 3 Portionen à 215 g aufteilen. Jede Teigportion zu einem 25 cm langen, glatten Strang rollen. Die Teigstränge zu einem Zopf flechten und auf das Blech legen.
Den Aprikosenzopf unter einem feuchten Tuch 30 Minuten in Herdnähe gehen lassen.
Den Backofen auf 200 °C vorheizen.
Eigelb mit Wasser verquirlen. Den Aprikosenzopf mit dem Eigelb bestreichen und bei 200 °C 35 Minuten backen.
Auf einem Kuchengitter auskühlen lassen.
Der Aprikosenzopf schmeckt sowohl mit süßem als auch pikantem Belag, aber auch pur.
In 22 Scheiben schneiden.
26 g Aprikosenzopf entsprechen 1 BE.

Nährwert für 1 Scheibe Aprikosenzopf (26 g):
Eiweiß: 2 g · Fett: 3 g · KH: 12 g · BE: 1 · KJ: 322/Kcal: 77

Nährwert des ganzen Zopfs:
Eiweiß: 41 g · Fett: 52 g · KH: 267 g · BE: 22 · KJ: 7079/Kcal: 1692

Fränkisches Apfelbrot

Eine Art Früchtebrot, das besonders unkompliziert und schnell zubereitet ist.

Zutaten für 1 Laib Apfelbrot:
500 g Äpfel, mit der Schale grob geraspelt gewogen (am besten eignen sich Boskop)
72 g Fruchtzucker · 1 EL Rum oder Apfelsaft
100 g ganze Haselnüsse, Mandeln oder Walnußkerne
250 g Weizenvollkornmehl · 12 g Backpulver
1 leicht gehäufter EL Zimtpulver · 1/5 TL Nelken, gemahlen
Zum Verzieren:
Walnußkerne oder geschälte Haselnüsse oder Mandeln

Die Äpfel mit dem Zucker und Rum mischen und mit einem Teller abgedeckt 5 Stunden oder über Nacht bei Zimmertemperatur durchziehen lassen.
Die Nüsse unter die Apfelmischung geben. Mehl, Backpulver, Zimt und Nelken mischen und unter die Äpfel kneten. Den Apfelteig 30 Minuten zugedeckt bei Zimmertemperatur quellen lassen.
Ein Backblech einfetten. Den Backofen auf 180 °C vorheizen.
Den Apfelteig zu einem länglichen Laib formen, mit den Nüssen dekorieren und bei 180 °C 90 Minuten backen. Nach 60 Minuten nachschauen, ob das Brot nicht zu dunkel wird. Gegebenenfalls mit Pergamentpapier oder Alufolie abdecken.
Das Apfelbrot auf einem Kuchengitter auskühlen lassen. Vor dem Anschneiden 1–2 Tage in Alufolie eingepackt an einem kühlen Ort durchziehen lassen.

Das Apfelbrot in dünne Scheiben schneiden und eventuell mit etwas Butter bestrichen, genießen.
30 g Apfelbrot entsprechen 1 BE.

Nährwert für 30 g Apfelbrot:
Eiweiß: 2 g · Fett: 3 g · KH: 12 g · BE: 1 · KJ: 339/Kcal: 81

Nährwert des ganzen Rezepts:
Eiweiß: 42 g · Fett: 69 g · KH: 288 g · BE: 24 · KJ: 8121/Kcal: 1941

Nußstriezel

Die einzelnen Striezelscheiben sehen besonders hübsch aus: wie Doppelschnecken. Damit der Striezel beim Backen schön in Form bleibt und nicht »auseinanderfällt«, den Teig, bevor er in den Ofen kommt, an beiden Längsseiten mit an den Außenseiten eingefetteten Kastenformen stützen.

Zutaten für einen 440 g-Striezel:
FÜR DEN HEFETEIG:
80 g kaltes Wasser · 10 g Hefe · 24 g Fruchtzucker
½ TL Vollmeersalz · ½ TL Schale von 1 unbehandelten Zitrone
160 g Weizenvollkornmehl
20 g weiche Butter oder ungehärtete Diätmargarine
FÜR DIE FÜLLUNG:
100 g Haselnüsse · 60 g Milch
36 g Fruchtzucker · ¼ TL Zimtpulver
ZUM BESTREICHEN:
1 EL Sahne
ZUM BESTREUEN:
1 EL Mandelblättchen

Für den Hefeteig alle Zutaten in die Küchenmaschine oder Rührschüssel geben und 10 Minuten kneten. Dann mit einem feuchten Tuch abgedeckt bei Zimmertemperatur gehen lassen, bis sich das Volumen verdoppelt hat (45–60 Minuten).
Inzwischen für die Füllung die Haselnüsse fein mahlen. In eine Pfanne schütten und unter mehrmaligem Wenden bei kleiner Flamme leicht anrösten, bis sie aromatisch zu duften beginnen.
Die Milch zum Kochen bringen. Nüsse, Zucker und Zimt hineinrühren und abkühlen lassen.
Ein Backblech einfetten.
Den Hefeteig kurz durchkneten und zu einem Quadrat von 25x25 cm ausrollen. Die Teigplatte gleichmäßig mit der Füllung bestreichen und von 2 gegenüberliegenden Seiten zur Mitte hin so einrollen, daß 2 gleich große Walzen entstehen.
Den Striezel auf das Blech legen und mit einem feuchten Tuch abgedeckt 50–60 Minuten gehen lassen.
Den Backofen auf 200 °C vorheizen. Die Außenseiten von 2 Kastenformen einfetten.
Den Striezel mit Sahne einpinseln und mit Mandelblättchen bestreuen. Mit den Kastenformen den Striezel von den Längsseiten her so stützen, daß sich die beiden Teigwalzen in der Mitte berühren. Dabei den Striezel jedoch nicht zusammendrücken.
Bei 200 °C den Striezel 30 Minuten backen. Falls die Oberfläche zu dunkel wird, die letzten Minuten mit Alufolie abdecken.
Auf einem Kuchengitter abkühlen lassen.
32 g Nußstriezel entsprechen 1 BE.

Nährwert für 32 g Nußstriezel:
Eiweiß: 2 g · Fett: 6 g · KH: 12 g · BE: 1 · KJ: 493/Kcal: 118

Nährwert des ganzen Striezels:
Eiweiß: 35 g · Fett: 92 g · KH: 171 g · BE: 14 · KJ: 6908/Kcal: 1651

Mohnrolle

Zutaten für 1 Rolle von ca. 840 g:

FÜR DEN HEFETEIG:

180 g kaltes Wasser · 20 g Hefe · 48 g Fruchtzucker

½ TL Vollmeersalz · 1 TL Zitronenschale

320 g Weizenvollkornmehl

50 g weiche Butter oder ungehärtete Diätmargarine

FÜR DIE FÜLLUNG:

70 g Milch · 100 g Mohn, gemahlen · 65 g Fruchtzucker

50 g Apfel, mit der Schale gerieben

1 Msp Zimtpulver · 1 EL Rum nach Belieben

ZUM BESTREICHEN:

50 g Diabetikermarmelade »Aprikose«

Das Wasser mit Hefe, Zucker, Salz und Zitronenschale verquirlen. Zusammen mit dem Mehl und der Butter in die Küchenmaschine oder Rührschüssel geben und 10 Minuten kneten. Den Hefeteig mit einem feuchten Tuch abgedeckt 45 Minuten bei Zimmertemperatur gehen lassen.
Zwischenzeitlich für die Füllung die Milch zum Kochen bringen. Vom Herd nehmen und die restlichen Zutaten unterrühren. Abkühlen lassen.
Eine Kastenform (30 cm lang) gut einfetten. Den Teig nochmals kurz durchkneten, wiegen und halbieren zu 2 Portionen à 305 g.
Jede Teigportion zu einem 30 cm langen und 10 cm breiten Streifen ausrollen. Diese mit der Füllung bestreichen, dabei ringsum einen 1 cm breiten Rand aussparen.
Die Teigstreifen längs aufrollen. Dann die Teigrollen vorsichtig

miteinander zu einer Spirale verdrehen und in die Form legen. Mit einem feuchten Tuch abgedeckt 30 Minuten an einem warmen Platz gehen lassen.
Den Backofen auf 200 °C vorheizen.
Die Mohnrolle bei 200 °C 35 Minuten hellbraun backen.
Die Marmelade im Mixer zu einer homogenen Masse rühren, in einem kleinen Töpfchen kurz aufkochen und die Oberfläche der heißen Mohnrolle damit bestreichen.
Auf einem Kuchengitter auskühlen lassen.
29 g dieser Mohnrolle entsprechen 1 BE.

Nährwert für 29 g Mohnrolle:
Eiweiß: 4 g · Fett: 4 g · KH: 12 g · BE: 1 · KJ: 348/Kcal: 83

Nährwert der ganzen Mohnrolle:
Eiweiß: 93 g · Fett: 89 g · KH: 343 g · BE: 29 · KJ: 10108/ Kcal: 2416

Panettone

(Italienisches Weihnachtsbrot)

(Foto Seite 157)

Der Weihnachtsstollen der Italiener, jedoch wesentlich fettärmer als unserer. Er wird nur leicht gesüßt und mit Schokoladenstückchen oder getrockneten Aprikosen verfeinert.

Zutaten für 1 Panettone:
200 g lauwarmes Wasser · 30 g Hefe · 2½ Eigelb
Schale von ½ unbehandelten Zitrone
48 g Fruchtzucker · ½ TL Vollmeersalz
420 g Dinkelvollkornmehl
80 g zerlassene Butter oder ungehärtete Diätmargarine, lauwarm
ZUM EINARBEITEN:
75 g Diabetikerschokolade »Vollmilch« oder 60 g getrocknete Aprikosen
ZUM BESTREICHEN:
½ Eigelb · 1 TL Wasser

Wasser, Hefe, Eigelb, Zitronenschale, Fruchtzucker und Salz verrühren.
Zusammen mit dem Mehl und der Butter in die Küchenmaschine oder Rührschüssel geben und 10 Minuten kneten. Den Hefeteig mit einem feuchten Tuch abgedeckt bei Zimmertemperatur 1 Stunde gehen lassen.
Inzwischen die Schokolade in kleine Würfel schneiden und ins Gefrierfach legen. Oder die Aprikosen würfeln.
Eine Springform von 18 cm Ø einfetten. Da die Springform nicht hoch genug ist, einen breiten Streifen Alufolie an den Rand der

Form legen, fetten und an den Enden mit Büroklammern befestigen.
Den Teig mit den Schokoladenstückchen oder Aprikosen kurz, aber gründlich verkneten, zu einem Laib formen und mit dem Teigschluß nach unten in die Form legen. Mit einem feuchten Tuch abgedeckt 45 Minuten gehen lassen.
Den Backofen auf 180 °C vorheizen.
Eigelb und Wasser verquirlen.
Das Brot mit einem feuchten Messer sehr behutsam an der Oberfläche über Kreuz einschneiden, mit Eigelb bestreichen und bei 180 °C 45 Minuten backen. Nach 25 Minuten abdecken, sonst wird die Oberfläche zu dunkel.
Auf einem Kuchengitter auskühlen lassen. Haben Sie den Panettone mit Schokoladenstücken zubereitet, diesen 12 Stunden an einem kühlen Platz ruhen lassen, damit die Schokolade wieder fest wird.
Verzieren kann man den Panettone mit wenig Fruchtzucker. Den Panettone wie einen Kuchen in Stücke teilen.
30 g Panettone entsprechen 1 BE.

Nährwert für 30 g Panettone:
Eiweiß: 2 g · Fett: 4 g · KH: 12 g · BE: 1 · KJ: 402/Kcal: 96

Nährwert des ganzen Panettone:
Eiweiß: 65 g · Fett: 120 g · KH: 338 g · BE: 28 · KJ: 11267/Kcal: 2693

Nikolaussäckchen

Zutaten für 4 Stück:
FÜR DEN HEFETEIG:
90 g kaltes Wasser · 10 g Hefe · 24 g Fruchtzucker
½ TL Zitronenschale · ¼ TL Vollmeersalz
160 g Weizenvollkornmehl
25 g Butter oder ungehärtete Diätmargarine, zimmerwarm
FÜR DIE FÜLLUNG:
120 g Haselnüsse · 75 g Milch
⅓ TL Zimtpulver · 36 g Fruchtzucker
ZUM VERZIEREN:
½ Eigelb · 1 TL Milch · 1 EL Haselnüsse
4 ca. 20 cm lange Stückchen Schnur

Das Wasser mit Hefe, Zucker, Zitronenschale und Salz mischen. Zusammen mit dem Mehl und der Butter in die Küchenmaschine oder Rührschüssel geben und 10 Minuten kneten. Den Hefeteig mit einem feuchten Tuch abgedeckt 30 Minuten gehen lassen.

Inzwischen die Füllung vorbereiten. Dafür die Haselnüsse fein mahlen und in eine Pfanne geben. Unter ständigem Rühren die Nüsse bei kleiner Hitze anrösten, bis sie aromatisch duften.

Die Milch aufkochen. Haselnüsse, Zimt und Fruchtzucker unterrühren. Die Nußmasse abkühlen lassen.

Ein Backblech einfetten. Die Arbeitsfläche mit wenig Mehl bestäuben.

Den Hefeteig in 4 Portionen à 75 g teilen. Dann jede Portion zu einer ovalen Teigplatte von ca. 24 x 10 cm auswellen. Die Teigovale auf das Blech legen. Jeweils das halbe Teigoval mit 55 g Nußmasse bestreichen und die andere Hälfte darüberklappen. An den Rän-

dern gut festdrücken. Wie bei einem Säckchen an den Längsseiten die Nußtaschen etwas zusammenraffen und mit der Schnur festbinden, damit sie beim Backen die Form behalten.
Die Säckchen mit einem feuchten Tuch abgedeckt 10 Minuten gehen lassen.
Den Backofen auf 225 °C vorheizen.
Das Eigelb mit der Milch verquirlen. Die Haselnüsse in Scheibchen schneiden.
Die Säckchen mit dem Eigelb bestreichen und mit den Haselnüssen garnieren, z.B. am Rand entlang mit einer Bordüre aus Nußscheibchen oder mit »Flicken« aus Nüssen.
Bei 225 °C die Nikolaussäckchen 15 Minuten backen. Auf einem Kuchengitter auskühlen lassen.
Die Schnur vorsichtig entfernen und statt dieser mit roten Seidenbändern zuschnüren.
1 Nikolaussäckchen entspricht 3,5 BE.

Nährwert für 1 Nikolaussäckchen:
Eiweiß: 10 g · Fett: 28 g · KH: 44 g · BE: 3,5 · KJ: 1950/Kcal: 466

Nährwert des ganzen Rezepts:
Eiweiß: 39 g · Fett: 112 g · KH: 176 g · BE: 14 · KJ: 7799/Kcal: 1864

Gefüllte Monde

(Foto Seite 175)

Goldgelbe Teigtäschchen aus Hefe-Mürbeteig mit einer saftigen Mohn-Apfel-Füllung. Der Hefe-Mürbeteig gibt diesem Gebäck Volumen (durch die Hefe) und macht es knusprig (durch den Mürbeteig). Trotzdem macht er nicht viel mehr Arbeit als ein Hefeteig.

Zutaten für 18 Stück:
Für den Hefeteig:
80 g kaltes Wasser · 10 g Hefe · 1 Msp Vollmeersalz
24 g Fruchtzucker · ¼ TL Schale von 1 unbehandelten Zitrone
1 Msp Vanillepulver · 120 g Weizenvollkornmehl
Für den Mürbeteig:
60 g zimmerwarme Butter oder ungehärtete Diätmargarine
60 g Weizenvollkornmehl
Für die Füllung:
20 g Butter oder ungehärtete Diätmargarine
20 g Milch · 40 g Fruchtzucker · 75 g Mohn, gemahlen
1 gute Msp Zimtpulver · 1 knappe Msp Vanillepulver
¼ TL Schale von 1 unbehandelten Zitrone
50 g geriebener Apfel, mit der Schale
Zum Bestreichen:
½ Eigelb · 1 TL Wasser
Zum Aprikotieren:
60 g Aprikosenmarmelade, mit Fruchtzucker gesüßt

Für den Hefeteig Wasser, Hefe, Salz, Zucker, Zitronenschale und Vanille mischen. Zusammen mit dem Mehl in die Küchenma-

schine oder Rührschüssel geben und 10 Minuten kneten. Den Hefeteig mit einem feuchten Tuch abgedeckt 45 Minuten gehen lassen.
Für den Mürbeteig Butter und Mehl mit einem großen Messer zu einer streuselartigen Masse hacken. Dann mit kalten Händen rasch zu einem Teig verkneten. Abgedeckt bei Zimmertemperatur ruhen lassen (ca. 30 Minuten).
Inzwischen die Füllung zubereiten. Dafür die Butter mit der Milch in einem kleinen Kochtopf zerlassen. Den Zucker darin lösen. Dann den Mohn, die Gewürze und den Apfel unterrühren. Abkühlen lassen. Ein Backblech einfetten.
Die Arbeitsfläche mit etwas Mehl bestäuben. Darauf den Hefeteig mit dem Mürbeteig gut verkneten. Den Teig portionsweise ca. 3 mm dick ausrollen, 18 Plätzchen mit 9 cm Ø ausstechen, auf jedes Plätzchen 1 TL Mohnfülle geben und zu einem Halbkreis zusammenklappen. Die Teigtaschen an den offenen Seiten gut festdrücken, zu Monden biegen und auf das Blech setzen. Abgedeckt (mit einem feuchten Küchentuch) 10 Minuten gehen lassen.
Den Backofen auf 200 °C vorheizen.
Eigelb und Wasser verrühren und die Monde damit bestreichen.
Die Monde bei 200 °C 15 Minuten backen. Inzwischen die Marmelade unter Rühren aufkochen. Die heißen Monde sofort mit der dünnflüssigen Aprikosenmarmelade satt einpinseln.
Die Monde auf einem Kuchengitter auskühlen lassen. Natürlich kann man auf diese Art auch Sterne oder Tannenbäume mit Mohn-Apfel-Füllung herstellen.

Nährwert für 1 gefüllten Mond:
Eiweiß: 2 g · Fett: 6 g · KH: 12 g · BE: 1 · KJ: 445/Kcal: 106

Nährwert des ganzen Rezepts:
Eiweiß: 38 g · Fett: 104 g · KH: 207 g · BE: 18 · KJ: 8021/Kcal: 1917

Zimtschnecken

Zutaten für 12 Stück:

FÜR DEN PLUNDERTEIG:

180 g kaltes Wasser · 20 g Hefe · 48 g Fruchtzucker

½ TL Vollmeersalz · 320 g Weizenvollkornmehl

30 g Butter oder ungehärtete Diätmargarine

ZUM EINZIEHEN:

150 g kalte Butter

FÜR DIE FÜLLUNG:

1 EL zerlassene Butter oder ungehärtete Diätmargarine

30 g getrocknete, ungeschwefelte Aprikosen, in kleine Würfel geschnitten

20 g Fruchtzucker · ½ TL Zimtpulver

ZUM AUSWELLEN:

20 g Weizenvollkornmehl

ZUM BESTREICHEN:

100 g Diabetikermarmelade »Aprikose«

Für den Teig Wasser, Hefe, Zucker und Salz mischen. Zusammen mit dem Mehl und der Butter in die Küchenmaschine oder Rührschüssel geben und 10 Minuten kneten. Mit Klarsichtfolie abgedeckt im Kühlschrank 1 Stunde gehen lassen.
Die Butter zum Einziehen zwischen 2 Lagen Klarsichtfolie oder Pergamentpapier zu einem Rechteck von 15–20 cm auswellen. In Folie eingeschlagen zum Hefeteig in den Kühlschrank legen.
Die Arbeitsfläche mit etwas Mehl bestäuben. Darauf den Hefeteig gut 30x20 cm auswellen. Auf die eine Teighälfte die Butter legen, die andere Teighälfte darüberschlagen. Die Ränder etwas zusammendrücken. Nun den Teig wieder zu einer Fläche von 30x20 cm auswellen. Den Teig von den Schmalseiten her 3fach

übereinanderklappen zu einem Rechteck von 10x20 cm. Den Teig in Klarsichtfolie einschlagen und 20 Minuten in den Kühlschrank legen. Diesen Arbeitsgang (ausrollen, zusammenklappen und kühlen) noch zweimal wiederholen.
Ein Backblech leicht einfetten. Die Arbeitsfläche mit dem restlichen Weizenvollkornmehl bestäuben.
Den Plunderteig zu einem Quadrat von 25x25 cm gleichmäßig dick auswellen. Die Teigfläche mit zerlassener Butter bepinseln. Gleichmäßig mit den Aprikosen bestreuen. Zucker und Zimt mischen und gleichmäßig darüber verteilen. Mit Lineal und Teigrädchen 2 cm breite und 25 cm lange Streifen ausrädeln. Diese locker zu Schnecken aufrollen und auf das Blech legen.
Mit einem feuchten Tuch abgedeckt die Schneckennudeln bei Zimmertemperatur (nicht zu warm) 45 Minuten gehen lassen. Inzwischen den Backofen auf 200 °C vorheizen.
Die Schnecken bei 200 °C 20 Minuten hellbraun backen.
Zum Bestreichen die Aprikosenmarmelade im Mixer pürieren. Dann in einem kleinen Topf unter Rühren aufkochen. Die heißen Plunderschnecken sofort mit der Marmelade bestreichen und auf einem Kuchengitter auskühlen lassen. Frisch, jedoch abgekühlt, schmecken die Zimtschnecken am leckersten.
1 Zimtschnecke entspricht 2,3 BE.

Nährwert für 1 Zimtschnecke:
Eiweiß: 3 g · Fett: 14 g · KH: 27 g · BE: 2,3 · KJ: 1029/Kcal: 246

Nährwert des ganzen Rezepts:
Eiweiß: 36 g · Fett: 168 g · KH: 324 g · BE: 28 · KJ: 12351/ Kcal: 2952

Weckenmänner

Zutaten für 4 Stück:

90 g kaltes Wasser · 10 g Hefe · 24 g Fruchtzucker

½ TL Schale von 1 unbehandelten Zitrone

160 g Dinkel oder ½ Dinkel und ½ Weizen, sehr fein gemahlen

¼ TL Vollmeersalz

25 g weiche Butter oder ungehärtete Diätmargarine

ZUM VERZIEREN:

8 Rosinen · 8 geschälte Mandelhälften

16 Sonnenblumenkerne · 4 Haselnüsse

ZUM BESTREICHEN:

½ Eigelb · 1 TL Wasser

Das Wasser mit Hefe, Zucker und Zitronenschale verrühren. Zusammen mit dem Mehl, Salz und der Butter in die Küchenmaschine oder eine Rührschüssel geben und 10 Minuten kneten. Den Hefeteig mit einem feuchten Tuch abgedeckt 30 Minuten bei Zimmertemperatur gehen lassen.
Ein Backblech gut einfetten. Den Backofen auf 225 °C vorheizen.
Den Hefeteig in 4 Portionen à 75 g teilen. Während Sie eine Teigportion bearbeiten, die anderen mit einem feuchten Tuch abdekken, damit sie nicht austrocknen.
Jede Teigportion zuerst zu einer glatten Kugel, dann zu einem ca. 10 cm langen Strang rollen. Diesen etwas flach drücken und mit Einschnitten versehen. Nicht zu schlanke, eher etwas dickliche – die lassen sich später besser bestreichen – Männchen daraus modellieren. Mit den Rosinen die Augen andeuten, mit den Mandelhälften die Schuhe, mit den Sonnenblumenkernen die Knöpfe und mit halbierten Haselnüssen die Hände.
Die Weckenmänner zugedeckt 10 Minuten gehen lassen.

Panettone (Rezept Seite 148)

Das Eigelb mit dem Wasser verrühren und die Figuren damit bestreichen. Die Weckenmänner bei 225°C 15 Minuten backen. Nach 10–12 Minuten die Oberfläche eventuell abdecken, damit sie nicht zu dunkel wird.
Frisch, gerade abgekühlt, schmecken sie am besten.

Nährwert für 1 Weckenmann:
Eiweiß: 5 g · Fett: 7 g · KH: 30 g · BE: 2,5 · KJ: 841/Kcal: 201

Nährwert des ganzen Rezepts Weckenmänner:
Eiweiß: 20 g · Fett: 27 g · KH: 120 g · BE: 10 · KJ: 3364/Kcal: 804

Winterkuchen – Weihnachtstorten

Hier finden Sie eine kleine Auswahl an feinen Kuchen für die Winterzeit, wenn Sie auf Eingelagertes zurückgreifen müssen. Und natürlich Anregungen für Kuchen und Torten zu den verschiedensten Gelegenheiten rund um Weihnachten: für den gemütlichen Adventstee, erfrischende und leichte Torten für den festlichen Nachmittag, eine Minitorte für den Kleinhaushalt oder zum Verschenken und gehaltvollere Weihnachtstorten bzw. -törtchen.

Birnen-Marzipan-Schnitten

Zutaten für ½ Backblech:
Für den Mürbeteig:
140 g Weizenvollkornmehl · 40 g Hirse, fein gemahlen
abgeriebene Schale von ½ Zitrone · 36 g Fruchtzucker
90 g kalte Butter oder ungehärtete Diätmargarine
3 EL kaltes Wasser
Für den Belag:
450 g aromatische Birnen · Zitronensaft
75 g geschälte Mandeln · 200 g gekühlte Sahne
40 g Fruchtzucker · 50 g Quark
1 Msp Vanillepulver · 1 Msp Zimtpulver

Weizenvollkornmehl, Hirsemehl, Zitronenschale und Fruchtzucker mischen.
Die Butter mit einem großen Messer in kleine Stücke hacken und zusammen mit dem Wasser rasch mit der Mehlmischung zu einem glatten Teig verkneten. Den Mürbeteig abgedeckt 1 Stunde kühl stellen.
Ein Backblech leicht einfetten. Den Backofen auf 180 °C vorheizen.
Die Birnen nicht schälen, der Länge nach vierteln, Kerngehäuse herausschneiden und in ca. 1 cm breite Spalten schneiden. Die Schnittflächen der Birnen mit Zitronensaft beträufeln.
Die Mandeln in einer trockenen Pfanne unter ständigem Rühren hellbraun rösten, dann abkühlen lassen.
Den Mürbeteig auf das Blech legen, mit wenig Mehl bestäuben und auf die halbe Blechgröße auswellen, dabei einen kleinen Rand hochziehen. Mit einer Gabel mehrmals den Teigboden einstechen. Den Boden 10 Minuten bei 180 °C vorbacken. Dann den Boden in der Form abkühlen lassen. Den Backofen in Betrieb lassen.
Inzwischen die Mandeln mehlfein mahlen. Die Sahne steif schlagen. Den Quark mit den Mandeln, Gewürzen und Zucker verrühren und behutsam die Sahne unterziehen.
Die Mandelmasse auf dem abgekühlten Mürbeteigboden glatt verstreichen. Die Birnenspalten gleichmäßig darauf anordnen und den Kuchen bei 180 °C ca. 30 Minuten goldbraun backen. In 15 gleich große Stücke schneiden und auf einem Kuchengitter abkühlen lassen.
Jedes Kuchenstück entspricht 1,3 BE.

Nährwert für 1 Stück Birnen-Marzipan-Kuchen:
Eiweiß: 3 g · Fett: 10 g · KH: 17 g · BE: 1,3 · KJ: 714/Kcal: 171

Nährwert des ganzen Birnen-Marzipan-Kuchens:
Eiweiß: 49 g · Fett: 152 g · KH: 249 g · BE: 20 · KJ: 10 707/Kcal: 2559

Neujahrsbrezeln

(Foto Seite 176)

Sie können aus dieser Teigmenge eine große oder zwei kleinere Neujahrsbrezeln formen. Ich backe lieber eine Brezel daraus, sie bleibt dann weicher und kann auch durchgeschnitten und mit Butter bestrichen werden. In der Rezeptbeschreibung gehe ich von einer Brezel aus. Wer zwei kleinere backen möchte, halbiert einfach alles.

Zutaten für 1 Brezel:
90 g kaltes Wasser · 10 g Hefe · 24 g Fruchtzucker
1 Msp Vollmeersalz · Schale von ¼ Zitrone
160 g Weizenvollkornmehl
25 g weiche Butter oder ungehärtete Diätmargarine
ZUM BESTREICHEN:
½ Eigelb · ½ TL Wasser

Das Wasser mit Hefe, Fruchtzucker, Salz und der Zitronenschale verrühren. Das Mehl und die Butter untermengen und den Teig 10 Minuten kneten. Dann mit einem feuchten Küchentuch abgedeckt 30 Minuten bei Zimmertemperatur gehen lassen.
Ein Backblech einfetten.
Den Teig nochmals kurz durchkneten.
Den Teig wiegen und ein Viertel davon für den Zopf beiseite legen. Den Teig zu einer Kugel formen, dann zu einem 80 cm langen Strang rollen. Den Teigstrang zu einer Brezel formen und auf das Blech legen. Aus dem restlichen Teig einen Zopf flechten. den »Brezelbauch« mit etwas Wasser bestreichen, mit dem Zopf verzieren und diesen behutsam festdrücken. Die Brezel mit einem feuchten Tuch abgedeckt 30 Minuten bei Zimmertemperatur gehen lassen.

Den Backofen auf 200 °C vorheizen. Eigelb und Wasser verrühren und die Brezel damit bestreichen. Bei 200 °C die Neujahrsbrezel 30 Minuten backen. Auf einem Kuchengitter auskühlen lassen. Die ganze Brezel wiegt 250 g und entspricht 10 BE.

Tip: Neujahrsbrezeln sehen hübsch aus und bekommen mehr Biß, wenn sie vor dem Backen mit Sonnenblumenkernen oder Sesam bestreut werden.

Nährwert für 25 g Neujahrsbrezel:
Eiweiß: 2 g · Fett: 3 g · KH: 12 g · BE: 1 · KJ: 336/Kcal: 80

Nährwert für die ganze Brezel:
Eiweiß: 20 g · Fett: 27 g · KH: 120 g · BE: 10 · KJ: 3364/Kcal: 804

Buttermilchkuchen nach Frau Kütterer

Zutaten für 10 Stück:

FÜR DEN MÜRBETEIG:

90 g kalte Butter oder ungehärtete Diätmargarine

180 g Weizenvollkornmehl · 36 g Fruchtzucker

2 EL kaltes Wasser

FÜR DEN BELAG:

350 g Buttermilch · 100 g süße Sahne

150 g saure Sahne · 100 g Joghurt · 4 Eier · Saft von 1 Zitrone

72 g Fruchtzucker · 10 g Vollkorngrieß

Für den Mürbeteig die Butter klein würfeln und mit den restlichen Zutaten rasch zu einem glatten Teig verkneten. In Pergamentpapier einschlagen und 30 Minuten im Kühlschrank ruhen lassen.

Inzwischen ein Springblech (26 cm Ø) leicht einfetten. Für den Belag alle Zutaten miteinander verquirlen. Den Backofen auf 175 °C vorheizen.
Die Springform mit dem Mürbeteig auskleiden, dabei ca. 3 cm Rand hochziehen. Die Buttermilchmasse einfüllen – lassen Sie sich nicht irritieren, sie ist sehr dünnflüssig und wird erst beim Backen fest.
Den Buttermilchkuchen bei 175 °C 70 Minuten goldgelb backen.
Den Kuchen 10 Minuten in der Form auskühlen lassen, dann vorsichtig auf ein Kuchengitter heben und vollends auskühlen lassen.
In 10 gleich große Stücke teilen. Jedes dieser Stücke entspricht 2 BE.

Nährwert für 1 Stück Buttermilchkuchen:
Eiweiß: 7 g · Fett: 15 g · KH: 25 g · BE: 2 · KJ: 1126/Kcal: 269

Nährwert des ganzen Buttermilchkuchens:
Eiweiß: 72 g · Fett: 155 g · KH: 251 g · BE: 20 · KJ: 11264/ Kcal: 2692

Apfelkuchen mit feinem Gewürzguß

Zutaten für 1 Springform (26 cm Ø):

70 g kaltes Wasser · 10 g Hefe

½ TL Vollmeersalz · 120 g Weizenvollkornmehl

1 EL zerlassene Butter oder ungehärtete Diätmargarine, lauwarm

FÜR DEN BELAG:

100 g saure Sahne (10 % Fett) · 36 g Fruchtzucker

1 Prise Nelken, gemahlen · 2 gute Msp Zimtpulver

abgeriebene Schale von ½ ungehandelten Zitrone

350 g säuerliche Äpfel, entkernt gewogen (die Schale bleibt dran)

Saft von 1 Zitrone · 100 g gekühlte Sahne

Für den Hefeteig Wasser, Hefe, Salz, Mehl und Butter in die Küchenmaschine oder Rührschüssel geben und 8 Minuten kneten. Dann mit einem feuchten Tuch abdecken und an einem warmen Platz 20 Minuten gehen lassen.
Die Springform gut mit Butter einfetten.
Für den Guß saure Sahne, Fruchtzucker, Nelken, Zimt und Zitronenschale verrühren.
Den Backofen auf 200 °C vorheizen.
Den Hefeteig kurz durchkneten, zu einer Kugel formen und auf Blechgröße auswellen. Ringsum 2 cm Rand hochziehen.
Die Äpfel in gleich große Spalten schneiden, diese schuppenförmig auf dem Teig anordnen und mit Zitronensaft beträufeln.
Die Sahne steif schlagen und unter die Saure-Sahne-Mischung ziehen. Den Guß gleichmäßig über die Äpfel verteilen.
Den Apfelkuchen bei 200 °C 45 Minuten backen. Wird die Oberfläche zu dunkel, den Kuchen die letzten 15 Minuten mit Perga-

mentpapier abdecken. Auf einem Kuchengitter auskühlen lassen. In 12 gleich große Stücke schneiden.
Jedes Stück entspricht 1 BE.

Nährwert für 1 Stück Apfelkuchen:
Eiweiß: 2 g · Fett: 5 g · KH: 13 g · BE: 1 · KJ: 427/Kcal: 102

Nährwert des ganzen Apfelkuchens:
Eiweiß: 23 g · Fett: 62 g · KH: 156 g · BE: 12 · KJ: 5121/Kcal: 1224

Bananen-Nußkuchen

Bei diesem Rezept gibt die Banane dem Nußkuchen eine besondere Nuance. Soll der Bananengeschmack stärker hervortreten, erhöhen Sie den Bananenanteil auf 150 g. Den Kohlenhydratgehalt des Kuchens nimmt dann jedoch um 2 BE zu. Ansonsten bleibt die Zubereitung gleich.

Zutaten für 1 Kastenform (20 cm lang):
50 g reife Bananen, geschält gewogen
10 g Butter oder ungehärtete Diätmargarine
200 g Haselnüsse · 20 g Vollkorngrieß
1 gestrichener TL Backpulver · 1 Msp Zimtpulver
etwas Vanille · 3 Eier · 100 g Fruchtzucker

Die Haselnüsse in einer Pfanne bei kleiner Hitze unter ständigem Schütteln leicht anrösten. Abkühlen lassen. Dann halb fein, halb gröber mahlen.
Grieß, Backpulver, Vanille und Zimt unter die Nüsse mischen.
Die Banane bei kleiner Hitze in der zerlassenen Butter schmelzen lassen. Dabei immer wieder rühren. Die geschmolzene Banane abkühlen lassen.

Die Kastenform gut einfetten. Den Backofen auf 175°C vorheizen.

Die Eier mit dem Fruchtzucker 1 Minute schaumig rühren. Banane und Nußmischung kurz, aber gründlich unterrühren. In die Form füllen und bei 175°C den Nußkuchen 35–40 Minuten backen. Nach 20 Minuten die Oberfläche mit Pergamentpapier abdecken, damit sie nicht dunkel wird. Nach 35 Minuten Backzeit mit der Stäbchenprobe (s. S. 29) testen, ob der Kuchen fertig ist.

Auf einem Kuchengitter auskühlen lassen. In Alufolie eingepackt an einem kühlen Platz 1 Tag durchziehen lassen. So schmeckt er noch aromatischer. In 12 Stücke teilen.

40 g Bananen-Nußkuchen entsprechen 1 BE.

Nährwert für 1 Stück Bananen-Nußkuchen (40 g):
Eiweiß: 6 g · Fett: 12 g · KH: 12 g · BE: 1 · KJ: 737/Kcal: 176

Nährwert des ganzen Bananen-Nußkuchens (480 g):
Eiweiß: 70 g · Fett: 149 g · KH: 147 g · BE: 12 · KJ: 8846/Kcal: 2114

Gewürzkuchen

Ein saftiger Rührkuchen, ohne Eigelb zubereitet. Bei diesem Kuchen muß ordentlich gerührt werden, denn er erhält sein Volumen durch die schaumig geschlagene Butter und den Eischnee. Der Gewürzkuchen entfaltet erst nacht 1–2 Tagen sein volles Aroma. Luftdicht eingeschlagen und an einem kühlen Platz gelagert, bleibt er etwa 1 Woche lang frisch.

Zutaten für 1 Kastenform (20 cm lang):
120 g Mandeln, fein gemahlen · 60 g Dinkelvollkornmehl
1 leicht gehäufter TL Backpulver · 1 gute Msp Zimtpulver
1 Msp Vanillepulver · ½ TL gemahlener Ingwer
100 g Butter oder ungehärtete Diätmargarine
100 g Fruchtzucker · 4 Tropfen Bittermandelöl
abgeriebene Schale von ½ Orange und ½ Zitrone
3 Eiweiß, gekühlt · 2 EL Rum oder Milch

Die Mandeln mit dem Mehl, dem Backpulver, Zimt, Vanille und Ingwer mischen.
Den Backofen auf 175°C vorheizen. Die Kastenform gut einfetten.
Die Butter in einer kleineren Schüssel 6 Minuten schaumig rühren. Dann langsam 70 g Fruchtzucker hineinrieseln lassen und noch weitere 6 Minuten rühren. Bittermandelöl und die Orangen- und Zitronenschale zugeben.
Das Eiweiß steif schlagen, dann den restlichen Zucker einrieseln lassen und noch 2 Minuten weiterschlagen.
Mandelmischung, Buttermasse, Eischnee und Rum mit dem Kochlöffel behutsam untereinanderheben, in die Form füllen und glattstreichen.
Bei 175°C den Kuchen ca. 45 Minuten backen. Nach 40 Minuten

die Stäbchenprobe (s. S. 29) machen. Wird die Oberfläche zu dunkel, den Kuchen die letzten Minuten mit Alufolie oder mehreren Lagen Pergamentpapier abdecken.
Den Kuchen aus dem Ofen nehmen, 5 Minuten in der Form ruhen lassen, auf ein Gitter stürzen und auskühlen lassen.
Den Kuchen in 12 gleich große Scheiben schneiden. Jedes Gewürzkuchenstück entspricht 1 BE.

Nährwert für 1 Stück Gewürzkuchen:
Eiweiß: 3 g · Fett: 12 g · KH: 12 g · BE: 1 · KJ: 733/Kcal: 175

Nährwert des ganzen Gewürzkuchens:
Eiweiß: 41 g · Fett: 149 g · KH: 148 g · BE: 12 · KJ: 8799/Kcal: 2103

Variante: Einen aromatischen Haselnußkuchen erhalten Sie, wenn Sie die Mandeln gegen leicht geröstete Haselnüsse austauschen und alle Gewürze weglassen.

Flockenkuchen mit Kirschen

Dieser Rührkuchen ohne Eigelb und mit Haferflocken schmeckt besonders gut mit Sauerkirschen.
Wer den Kuchen in einer 26er Backform zubereiten möchte, muß das Rezept verdreifachen.

Zutaten für 1 Springform (18 cm Ø):

50 g Haferflocken · 50 g Weizenvollkornmehl

3/4 TL Backpulver · 1 Msp Zimtpulver

50 g Butter oder ungehärtete Diätmargarine

45 g Fruchtzucker · 2 Eiweiß

150 g Sauerkirschen (TK) entsteint und abgetropft gewogen

Die Springform gut einfetten. Den Backofen auf 225 °C vorheizen. Haferflocken, Weizenvollkornmehl, Backpulver und Zimt mischen.
Die Butter mit 30 g Fruchtzucker 5 Minuten schaumig rühren.
Das Eiweiß steif schlagen. Dann den restlichen Zucker hineinrieseln lassen und 2 Minuten weiterrühren.
Eischnee, Buttermasse und Flockenmischung behutsam untereinanderheben, in die Form füllen und glattstreichen. Den Teig mit den Sauerkirschen belegen.
Bei 225 °C den Kuchen ca. 22 Minuten backen. Dann die Stäbchenprobe (s. S. 29) machen.
Auf einem Kuchengitter auskühlen lassen und in 5 gleich große Stücke teilen.
1 Stücke Flockenkuchen entspricht 2 BE.

Nährwert für 1 Stück Flockenkuchen:
Eiweiß: 4 g · Fett: 9 g · KH: 24 g · BE: 2 · KJ: 833/Kcal: 199

Nährwert des ganzen Flockenkuchens:
Eiweiß: 20 g · Fett: 47 g · KH: 122 g · BE: 10 · KJ: 4163/Kcal: 995

Apfelkrapfen vom Blech

Zutaten für 4 Stück:

Für den Quark-Blätterteig:

75 g kalte Butter oder ungehärtete Diätmargarine

75 g Magerquark · 80 g Weizenvollkornmehl

¼ TL Vollmeersalz

Für die Füllung:

110 g Apfel mit Schale · 12 g Fruchtzucker

Zitronensaft · 1 Msp Zimtpulver · 1 Msp Zitronenschale

Zum Auswellen:

20 g Weizenvollkornmehl

Zum Bestreuen:

geschälter Sesam

Für den Teig Butter, Quark, Mehl und Salz mit einem Messer zu kleinen Streuseln hacken. Dann die Hände unter kaltem Wasser abkühlen und die Streusel mit nassen Händen rasch zu einem glatten Teig verkneten. In Pergamentpapier einschlagen und 60 Minuten im Kühlschrank ruhen lassen.
Den Backofen auf 220 °C vorheizen. Das Backblech mit kaltem Wasser abspülen, nicht abtrocknen. Ein Ausstechförmchen mit 10 cm Ø herrichten (z. B. ein Kompottschälchen).
Für die Füllung die Äpfel vierteln und mit dem Gurkenhobel in dünne Scheibchen schneiden. Mit Fruchtzucker, Zitronensaft, Zimt und Zitronenschale abschmecken.
Die Arbeitsfläche mit Mehl bestäuben. Den Quark-Blätterteig ca. 4 mm stark auswellen. 8 Plätzchen mit 10 cm Ø ausstechen.
4 Plätzchen auf das Blech legen und die Apfelmasse darauf verteilen. Ringsum einen 1 cm breiten Teigrand freilassen.
Die restlichen 4 Plätzchen noch etwas größer auswellen und die

Apfelfüllung damit abdecken. Die Apfelkrapfen am Rand gut zudrücken, damit die Füllung beim Backen nicht herausläuft.
Die Krapfen mit Wasser bestreichen und mit Sesam bestreuen.
Bei 220 °C die Apfelkrapfen 24–25 Minuten goldbraun backen.
1 Apfelkrapfen entspricht 1,75 BE.

Nährwert für 1 Apfelkrapfen:
Eiweiß: 5 g · Fett: 16 g · KH: 22 g · BE: 1,75 · KJ: 1088/Kcal: 260

Nährwert des ganzen Rezepts:
Eiweiß: 20 g · Fett: 64 g · KH: 88 g · BE: 7 · KJ: 4352/Kcal: 1040

Feine Mohntorte mit Birnen

Zutaten für 1 Springform (26 cm Ø):

120 g weiche Butter oder ungehärtete Diätmargarine

90 g Fruchtzucker · 5 Eigelb · 150 g Mohn, frisch gemahlen

50 g Dinkelvollkornmehl · ½ TL Zimtpulver

2 Msp Nelkenpulver · 5 Eiweiß · 2 gestrichene TL Backpulver

Zum Belegen:

360 g weiche, aromatische Birnen, geschält und entkernt gewogen (sofort mit Zitronensaft beträufeln) und in gut 1 cm breite Spalten geschnitten

Die Springform gut einfetten. Den Backofen auf 180 °C vorheizen.
Butter schaumig rühren. Zuerst den Zucker, dann nacheinander die Eigelb zugeben. Insgesamt ca. 8 Minuten rühren.
Mohn, Dinkelmehl, Gewürze und Backpulver miteinander mischen.
Eiweiß steif schlagen.
Buttermasse, Eischnee und Mohnmischung mit einem Teigschaber untereinanderheben. Den Teig in die Form geben und glatt-

streichen. Die Birnen längs ziemlich dicht nebeneinander in den Teig stecken.
Bei 180 °C die Mohntorte 45 Minuten backen. Die letzten 15 Minuten Backzeit mit Alufolie oder Pergamentpapier abdecken, damit die Oberfläche nicht zu dunkel wird.
Die Torte auf ein Kuchengitter heben und auskühlen lassen. Luftdicht verpackt, einen Tag durchziehen lassen, damit sich die Gewürze richtig entwickeln können.
In 10 Stücke teilen.
1 Stücke Mohntorte entspricht 1,4 BE.

Nährwert für 1 Stück Mohntorte:
Eiweiß: 7 g · Fett: 20 g · KH: 17 g · BE: 1,4 · KJ: 1140/Kcal: 272

Nährwert der ganzen Mohntorte:
Eiweiß: 72 g · Fett: 202 g · KH: 170 g · BE: 14 · KJ: 11397/ Kcal: 2724

Erster Advents-Napfkuchen

Zutaten für 1 Napfkuchenform (20 cm Ø):

120 g weiche Butter oder ungehärtete Diätmargarine

120 g Fruchtzucker · Schale von 1½ unbehandelten Orangen

1 Msp Schale von 1 unbehandelten Zitrone · 4 Eigelb

100 g Weizenvollkornmehl

160 g geschälte, sehr fein gemahlene Mandeln

1½ gestrichene TL Backpulver · 4 Eiweiß

1 EL Cognac oder Orangensaft · 1 EL Orangensaft

Zum Tränken:

30 g Fruchtzucker · 50 g frisch gepreßter Orangensaft

1 Spritzer Zitronensaft · ½ EL Cognac nach Belieben

Zum Bestreuen:

2 EL geschälte Mandeln, mehlfein gemahlen

Die Napfkuchenform gut einfetten. Den Backofen auf 180 °C vorheizen.
Die Butter schaumig rühren. Fruchtzucker und Gewürze zugeben und weiterrühren, bis sich der Zucker gelöst hat. Nacheinander die Eigelb darunterarbeiten. Die Masse sollte insgesamt etwa 8 Minuten gerührt werden.
Mehl, Mandeln und Backpulver mischen.
Die Eiweiß steif schlagen.
Buttermasse, Mehlmischung, Eischnee, Cognac und Orangensaft mit einem Teigschaber untereinanderheben. Den Teig in die Form füllen, glattstreichen und bei 180 °C ca. 50 Minuten backen. Nach 20 Minuten die Oberfläche mit Alufolie abdecken, damit sie nicht zu dunkel wird. Nach 50 Minuten die Stäbchenprobe machen (s. S. 29).

Den Kuchen aus dem Ofen nehmen und noch 5 Minuten in der Form ruhen lassen. Dann auf ein Kuchengitter stürzen.
Fruchtzucker mit Orangen- und Zitronensaft zum Kochen bringen und 1–2 Minuten etwas einköcheln lassen. Vom Herd nehmen und den Cognac einrühren. Den warmen Kuchen mit der Orangenlösung tränken, sofort mit den Mandeln bestreuen und vollends auskühlen lassen. In Alufolie eingepackt 1 Tag durchziehen lassen.
1 Stück Napfkuchen entspricht 1 BE.

Serviervorschlag: Den Napfkuchen auf eine Tortenspitze setzen. In die Mitte eine dicke rote Kerze stellen und die Kerze rundum mit kurzen Fichtenzweigen dekorieren. Erst bei Tisch in 18 gleich große Stücke teilen.

Nährwert für 1 Stück Advents-Napfkuchen:
Eiweiß: 4 g · Fett: 12 g · KH: 13 g · BE: 1 · KJ: 740/Kcal: 177

Nährwert des ganzen Napfkuchens:
Eiweiß: 72 g · Fett: 218 g · KH: 233 g · BE: 19 · KJ: 13331/ Kcal: 3186

Gefüllte Monde (Rezept Seite 152)

Neujahrsbrezeln (Rezept Seite 161)

Bûche de Noël

(Französischer Weihnachtsbaumstamm)

Eine Schokobiskuitrolle, mit Zitronencreme gefüllt und mit Schokoladenspänen garniert.

Zutaten für 1 Biskuitrolle:
4 Eier · 60 g Fruchtzucker · 70 g Weizenvollkornmehl
30 g Kakaopulver, stark entölt
Für die Füllung:
6 Blatt weiße Gelatine · 20 g Zitronensaft
1 TL Zitronenschale · 1 Msp Zimtpulver · 250 g Buttermilch
65 g Fruchtzucker · 300 g gekühlte Sahne · Zitronensaft
Für die Garnitur:
10 g Kokosfett, ungehärtet
75 g Diabetikerschokolade »Vollmilch«
1–2 TL Kakaopulver

Ein Backblech mit gefettetem Pergamentpapier oder Backtrennpapier auslegen. Den Backofen auf 180 °C vorheizen.
Die Eier mit dem Fruchtzucker 10 Minuten zu einer dicken Creme aufschlagen.
Mehl und Kakao mischen und mit einem Teigschaber behutsam unter die Eiercreme heben. Die Biskuitmasse gleichmäßig auf das Backblech streichen und bei 180 °C 12 Minuten backen.
Die Arbeitsfläche mit einem Küchentuch belegen. Den Biskuit darauf stürzen und das Pergamentpapier abziehen. Das Küchentuch an den Schmalseiten hochhalten, dabei rollt sich der Biskuit fast von selber ein. Die Biskuitrolle auskühlen lassen.
Für die Füllung die Gelatine in kaltem Wasser 10 Minuten einweichen.

Zitronensaft, Zitronenschale, Zimt, Buttermilch und Fruchtzukker verrühren. Die Gelatine ausdrücken und in einem kleinen Töpfchen bei kleinster Hitze auflösen. 1 EL Buttermilch zur Gelatine geben, dann die Mischung unter die Zitronen-Buttermilch rühren. Die Buttermilch kühl stellen.
Sobald die Buttermilch zu gelieren beginnt, die Sahne steif schlagen und unterziehen. Nach Geschmack mit Zitronensaft abschmekken. Die Creme nochmals kühl stellen, bis sie streichfähig ist (ca. 30 Minuten).
Für die Garnitur das Kokosfett bei kleiner Hitze schmelzen. Die Schokolade kleinhacken. Den Topf vom Herd ziehen und die Schokolade portionsweise unter Rühren im Kokosfett auflösen. Die Schokoladenlösung mit einem Metallspatel hauchdünn auf ein Blech streichen und fest werden lassen.
Inzwischen die Biskuitrolle füllen. Dafür den Biskuit wieder ausbreiten. 3 EL Creme zum Garnieren kühl stellen, mit der übrigen Creme den Biskuit gleichmäßig bestreichen, dann aufrollen und mit der »Naht« nach unten auf eine Tortenplatte gleiten lassen.
Sobald die Schokolade fest ist, mit dem Spatel Schokoladenspäne vom Blech schaben. Die Biskuitrolle ringsum mit der restlichen Creme bestreichen und mit den Schokoladenspänen gleichmäßig bestreuen. »Weiße Stellen« durch ein Sieb mit dem Kakaopulver bestäuben.
Die Biskuitrolle gut gekühlt servieren.
Ungeübte können die Biskuitrolle anstatt mit den Spänen auch mit feingeriebener Schokolade bestreuen. Schmeckt genauso gut, ist aber nicht so dekorativ.
In 18 gleich große Scheiben schneiden. 1 Scheibe entspricht 1 BE.

Nährwert für 1 Stück Weihnachtsbaumstamm:
Eiweiß: 7 g · Fett: 9 g · KH: 13 g · BE: 1 · KJ: 611/Kcal: 146

Nährwert der ganzen Schokoladenrolle:
Eiweiß: 129 g · Fett: 159 g · KH: 232 g · BE: 18 · KJ: 10998/ Kcal: 2629

Sterntörtchen mit Capuccinocreme

Zutaten für 6 Stück:

Für den Boden:

5 gekühlte Eiweiß · 90 g Fruchtzucker

150 g Mandeln, frisch gemahlen

Für die Füllung:

3 EL sehr starker, schwarzer Kaffee · 5 g Kokosfett

75 g Diabetikerschokolade »Vollmilch« · 250 g gekühlte Sahne

2 TL Biobin · 10 g Kakaopulver

Für die Garnitur:

2 EL grüne Pistazienkerne · 6 kleine runde Oblaten

Ein Backblech mit Backtrennpapier oder gefettetem Pergamentpapier belegen. Den Backofen auf 175 °C vorheizen.

Die Eiweiß sehr steif schlagen, dann den Fruchtzucker portionsweise hinzufügen und die Masse noch ca. 3 Minuten weiterrühren.

Die Mandeln behutsam unter den Eischnee ziehen.

Das halbe Backblech gleichmäßig mit der Makronenmasse bestreichen. Den Teig bei 175 °C 15–20 Minuten hellbraun backen.

Den Boden sofort auf ein Kuchengitter stürzen, das Backtrennpapier vorsichtig abziehen (falls es sich schlecht löst, das Papier mit einem nassen Schwamm befeuchten) und den Boden auskühlen lassen.

Mit einem Glas (7 cm Ø) 12 Plätzchen aus dem Boden ausstechen. Die Bodenreste zerbröseln, in ein Schüsselchen geben und mit dem Kaffee tränken.

Das Kokosfett bei kleiner Hitze schmelzen. 25 g Schokoladenstükke zu den eingeweichten Bröseln geben, die restliche Schokolade bei milder Hitze im Kokosfett auflösen. Dann die Schokolade auf

Handwärme abkühlen lassen – sie muß jedoch noch flüssig sein.
Die Sahne halb steif schlagen, Biobin hinzufügen und vollends steif schlagen. Dann rasch die Schokoladenlösung und den Kakao unterrühren.
Mit einem Gummischaber vorsichtig die Brösel unterziehen. 1 gehäuften TL Fülle kühl stellen.
Auf 6 Plätzchen jeweils ca. 70 g Füllung geben, mit einem zweiten Plätzchen abdecken und die Füllung am Rand glattstreichen. Die Törtchen 1 Stunde ins Gefriergerät stellen.
Die Pistazien im Mixer zu feinen Bröseln mahlen. Die Ränder der Törtchen in den Pistazien wälzen.
Aus den Oblaten Sterne schneiden – sie dürfen ruhig unregelmäßig sein.
In die Mitte jedes Törtchens einen Klecks der beiseite gestellten Fülle geben und die Sterne damit »ankleben«. Vor dem Servieren noch 1 Stunde bei Zimmertemperatur durchziehen lassen.
Die Sterntörtchen in weißen Papiermanschetten servieren.
1 Sterntörtchen entspricht 2 BE.

Nährwert für 1 Sterntörtchen:
Eiweiß: 9 g · Fett: 34 g · KH: 25 g · BE: 2 · KJ: 1657/Kcal: 396

Nährwert des ganzen Rezepts:
Eiweiß: 55 g · Fett: 208 g · KH: 154 g · BE: 12 · KJ: 9945/Kcal: 2377

Ananas-Joghurt-Torte mit Pistazien

Eine erfrischende und leichte Torte für den festlichen Nachmittag.
Diese Torte gelingt nicht mit frischer Ananas. In der rohen Ananas befindet sich ein eiweißspaltendes Enzym, das die Gelatine abbaut und die Gelierfähigkeit beeinträchtigt. Ich verwende für diesen

Kuchen ausnahmsweise Ananas aus der Dose, im eigenen Saft eingelegt.

Zutaten für 1 Springform (26 cm Ø):
FÜR DEN BISKUITBODEN:
2 Eigelb · 1 EL Wasser · 30 g Fruchtzucker
2 Eiweiß · 50 g Weizenvollkornmehl
FÜR DIE FÜLLUNG:
150 g Ananas aus der Dose
75 g Ananassaft (in dem die Ananas eingelegt waren)
6 Blatt weiße Gelatine · 25 g gehackte Pistazien
80 g Fruchtzucker · 100 g Frischkäse · 500 g Joghurt
Saft und Schale von ½ Zitrone
ZUM BESTREICHEN UND GARNIEREN:
200 g Sahne, gekühlt

Für den Biskuit den Boden einer Springform einfetten. Den Backofen auf 175°C vorheizen.
Eigelb, Wasser und Fruchtzucker 8–10 Minuten dickcremig rühren. Die Eiweiß steif schlagen. Das Mehl durch ein gröberes Sieb auf die Eigelbmasse sieben.
Eigelbmasse, Mehl und Eischnee behutsam untereinanderheben, in die Form füllen, glattstreichen und bei 175°C 20–25 Minuten goldbraun backen.
Den Biskuitboden mit einem Messer vom Rand lösen und auf einem Kuchengitter auskühlen lassen.
Von den Ananasringen 10 Dreiecke für die Garnitur zurechtschneiden und beiseite legen. Die restliche Ananas klein schneiden und zum Ananassaft geben.
Die Gelatine in reichlich kaltem Wasser 5 Minuten einweichen.
Die Pistazien zusammen mit 10 g Fruchtzucker in eine Pfanne geben und bei kleiner Flamme unter Rühren karamelisieren lassen.

Dabei soll sich nur der Zucker auflösen, die Pistazien dürfen jedoch nicht braun werden.
Die eingeweichten Ananasstückchen, ein Drittel der Pistazien, den restlichen Fruchtzucker, Frischkäse, Joghurt, Zitronenschale und Saft miteinander verrühren.
Gelatine gut ausdrücken und in einem kleinen Topf unter Rühren erwärmen (nicht kochen), bis sie gelöst ist und unter die Joghurtcreme rühren.
Die Creme kalt stellen, bis sie zu gelieren beginnt.
Den Biskuit mit einem Tortenring umstellen, die Creme einfüllen, glattstreichen und kalt stellen, bis sie fest ist.
Die Sahne steif schlagen. 2 EL davon abnehmen und in einen Spritzbeutel mit Sterntülle füllen.
Die Torte rundum gleichmäßig mit der Sahne bestreichen. Mit einem Messer auf der Oberfläche 10 gleich große Stücke markieren. Auf jedes Stück einen Sahnetuff spritzen und diesen mit einem Ananasviertel garnieren.
Die Oberfläche der Torte mit den restlichen Pistazien bestreuen.
Die Torte gut gekühlt servieren.
1 Stück Torte entspricht 1,6 BE.

Nährwert für 1 Stück Ananas-Joghurt-Torte:
Eiweiß: 6 g · Fett: 14 g · KH: 20 g · BE: 1,6 · KJ: 826/Kcal: 197

Nährwert der ganzen Torte:
Eiweiß: 58 g · Fett: 139 g · KH: 198 g · BE: 16 · KJ: 8260/Kcal: 1974

Mohnkuchen mit Vanilleeis

(Foto Seite 193)

Anstatt mit Sahne wird dieser Mohnkuchen mit einer Kugel Vanilleeis (mit Fruchtzucker gesüßt) serviert. Natürlich schmeckt er auch »solo« gut.

Zutaten für 1 Kastenform mit 30 cm Länge:
150 g weiche Butter oder ungehärtete Diätmargarine
145 g Fruchtzucker · 1 Prise Meersalz
1 gute Msp Vanillepulver · 6 Eigelb
250 g frisch gemahlener Mohn · 40 g Vollkornsemmelbrösel
40 g Weizenvollkornmehl · 2 gestrichene TL Backpulver
6 Eiweiß, gekühlt

Die Backform gut einfetten und mit etwas Vollkornmehl ausstäuben. Den Backofen auf 175 °C vorheizen.
Die Butter schaumig rühren. Zuerst ²/₃ des Fruchtzuckers langsam einrieseln lassen, dann nach und nach die Eigelb unterrühren. Die Buttermasse insgesamt ca. 8 Minuten rühren.
Mohn, Semmelbrösel, Vollkornmehl, Salz, Vanille und Backpulver mischen.
Das Eiweiß steif schlagen. Dann den restlichen Zucker einrieseln lassen und kurz weiterschlagen, bis er sich gelöst hat.
Buttermasse, Mohnmischung und Eischnee mit einem Kochlöffel luftig untereinanderheben, in die Form füllen, glattstreichen und bei 175 °C ca. 55 Minuten backen. Nach 50 Minuten die Stäbchenprobe machen.
Den Kuchen aus dem Ofen nehmen, leicht abkühlen lassen, stürzen und zum Vanilleeis warm servieren.
Den Mohnkuchen in 18 gleich große Stücke teilen. Den restlichen Kuchen abgekühlt in Alufolie 1 Tag durchziehen lassen. Dann schmeckt er noch intensiver.
1 Stück Mohnkuchen entspricht 1 BE.

Nährwert für 1 Stück Mohnkuchen:
Eiweiß: 6 g · Fett: 15 g · KH: 12 g · BE: 1 · KJ: 851/Kcal: 203

Nährwert des ganzen Rezepts:
Eiweiß: 100 g · Fett: 266 g · KH: 216 g · BE: 18 · KJ: 15315/ Kcal: 3660

Orangen-Mandel-Torte

Dieses Rezept reicht für eine Springform mit 18 cm Ø, also für eine Minitorte. Sie eigent sich für die kleine, festliche Kaffeerunde (je nach Appetit für 3–4 Personen) oder auch als Mitbringsel. Wichtig bei dieser Torte: Sie muß vor dem Servieren 1 Tag durchziehen.

Zutaten für 1 Springform (18 cm Ø):
FÜR DEN MÜRBETEIG:
50 g kalte Butter, kleingewürfelt, oder ungehärtete Diätmargarine
50 g Weizenvollkornmehl · knapp 1 EL Wasser
12 g Fruchtzucker · 1 Eigelb
FÜR DEN MANDELTEIG:
2 Eiweiß, gekühlt · 48 g Fruchtzucker
100 g Mandeln, fein gemahlen
ZUM FÜLLEN:
20 g Aprikosen- oder Orangenmarmelade (mit Fruchtzucker gesüßt)
1 unbehandelte, mittelgroße Orange
2 EL Rum oder Orangensaft · 230 g gekühlte Sahne
FÜR DIE GARNITUR:
20 g Mandelblättchen

Butter, Weizenvollkornmehl, Wasser, Fruchtzucker und Eigelb rasch mit kalten Händen zu einem glatten Teig verkneten. Abgedeckt im Kühlschrank 45 Minuten ruhen lassen.
Ein Backblech mit gefettetem Butterbrotpapier auslegen. Den Backofen auf 180 °C vorheizen.
Für den Mandelteig die Eiweiß steif schlagen, bis ein Messerschnitt sichtbar bleibt. Dann den Zucker einrieseln lassen und die

Masse noch 5 Minuten schlagen. Die Mandeln locker unterziehen. Den Mandelteig auf dem Butterbrotpapier zu einem Rechteck von 18x32 cm ausstreichen und bei 180°C ca. 20 Minuten hellbraun backen. Der Boden muß sich trocken anfühlen. Den Backofen in Betrieb lassen.

Den Mandelboden auf die Arbeitsplatte stürzen und das Papier vorsichtig abziehen. Aus dem Mandelboden mit dem Springformrand 2 runde Böden (18 cm Ø) ausstechen und auf einem Kuchengitter auskühlen lassen. Die Reste des Mandelbodens zerkrümeln und in eine Schüssel geben.

Für den Mürbeteig den Springformboden leicht einfetten. Den Boden gleichmäßig mit dem Teig auslegen, mehrmals mit einer Gabel einstechen und diesen bei 180°C 25–30 Minuten knusprig hellbraun backen. Auf einem Kuchengitter auskühlen lassen.

Den Mürbeteigboden auf eine Tortenplatte legen, mit der Marmelade gleichmäßig bestreichen und mit einem Mandelboden abdecken.

Von der Orange 1 Scheibe quer abschneiden, diese in 8 gleich große Ecken schneiden und als Garnitur beiseite legen.

Für die Füllung die Orangenschale abreiben. Dann die Orange großzügig schälen und filetieren (s. S. 29). Die Orangenfilets klein würfeln und zusammen mit der Orangenschale und dem Rum unter die Mandelbodenkrümel mischen.

Die Sahne steif schlagen, bis zum Gebrauch die Hälfte davon im Kühlschrank aufbewahren. Die andere Hälfte der Sahne unter die Orangen-Mandelbodenmasse heben und auf dem unteren Mandelboden gleichmäßig verstreichen. Mit dem zweiten Mandelboden abdecken.

Die Mandelblättchen unter ständigem Wenden bei mittlerer Hitze in einer Pfanne hellbraun rösten. Dann abkühlen lassen.

Restliche Sahne aus dem Kühlschrank nehmen, 1½ EL davon in einen Spritzbeutel mit Sterntülle füllen, mit der übrigen Sahne die Torte rundum gleichmäßig bestreichen. Den Tortenrand mit den Mandelblättchen garnieren.

Mit einem Messer 8 gleich große Stücke auf der Tortenoberfläche

markieren. Jedes Tortenstück mit einer Sahnerosette verzieren und mit einem Orangeneckchen garnieren.
Die Orangen-Mandel-Torte mit einer großen Schüssel abgedeckt 1 Tag im Kühlschrank durchziehen lassen.
1 Stück Torte entspricht 1,3 BE.

Nährwert für 1 Stück Orangen-Mandel-Torte:
Eiweiß: 6 g · Fett: 21 g · KH: 16 g · BE: 1,3 · KJ: 1115/Kcal: 266

Nährwert der ganzen Torte:
Eiweiß: 46 g · Fett: 166 g · KH: 135 g · BE: 10,5 · KJ: 8916/ Kcal: 2131

Weihnachtstorte

Eine saftige Torte, gefüllt mit einer Schicht aus Fruchtsaft und einer feinen Schokoladencreme. Anstelle des Multivitaminsaftes eignet sich auch gut reiner Ananassaft.

Zutaten für 1 Springform (26 cm Ø):
Für die Schokoladencreme:
150 g Diabetikerschokolade »Vollmilch« · 400 g Sahne
Für den Biskuit:
4 Eigelb · 60 g Fruchtzucker · 2 EL Wasser
100 g Weizenvollkornmehl · 4 Eiweiß
Für die Fruchtfüllung:
4 BE Multivitaminsaft (ohne Zuckerzusatz), ca. 400 g
3,5 Blatt weiße Gelatine
Zum Garnieren:
Kakaopulver, ungesüßt

Zuerst die Schokoladencreme vorbereiten, da sie einige Stunden gekühlt werden muß. Dafür die Schokolade in Stücke hacken. Die Sahne aufkochen lassen, dann vom Herd nehmen und die Schokoladenstücke unter Rühren darin auflösen. Die Schokoladensahne im Kochtopf lassen und in kaltes Wasser stellen. Unter gelegentlichem Rühren die Schokoladensahne abkühlen lassen. Dann abgedeckt 4–5 Stunden in den Kühlschrank stellen.

Inzwischen den Biskuit und die Fruchtfüllung zubereiten.

Für den Biskuit die Springform mit gefettetem Pergamentpapier auslegen. Den Backofen auf 180 °C vorheizen.

Eigelb, Zucker und Wasser 8–10 Minuten hellcremig rühren. Das Mehl mit einem gröberen Sieb über die Eigelbmasse stäuben. Eiweiß steif schlagen. Die Hälfte des Eischnees zusammen mit dem Mehl locker unter die Eigelbmasse heben. Dann den restlichen Eischnee locker unterheben. Den Teig in die Form füllen, glattstreichen und bei 180 °C ca. 30 Minuten backen. Nach 10–15 Minuten Backzeit die Oberfläche mit Pergamentpapier abdecken. Den Biskuit auf ein Kuchengitter stürzen, das Pergamentpapier abziehen und auskühlen lassen.

Für die Fruchtfüllung die Gelatine in kaltem Wasser einweichen. In einem breiten Topf den Fruchtsaft auf 300 g Gewicht einkochen lassen, dann vom Herd nehmen. Die Gelatine ausdrücken und im Fruchtsaft auflösen. Dann kalt stellen.

Den Biskuit halbieren. Sobald der Fruchtsaft dick ist, diesen auf eine Biskuithälfte streichen und an einem kühlen Platz fest werden lassen.

Die Schokoladensahne mit dem Handrührgerät steif schlagen.

2 EL Schokosahne in einen Spritzbeutel mit Sterntülle füllen und kalt stellen. Mit einem Drittel der übrigen Schokosahne die Fruchtfüllung bestreichen und mit dem zweiten Biskuitboden abdecken. Die Torte rundum mit der restlichen Schokosahne bestreichen.

Für die Garnitur auf die Tortenoberfläche einen großen Stern spritzen und den Tortenrand mit einer Bordüre einfassen. Die

Tortenoberfläche mit Kakaopulver bestäuben (am besten durch ein Sieb), dabei die Innenfläche des Sterns aussparen.
Die Weihnachtstorte abgedeckt 1 Tag an einem kühlen Ort durchziehen lassen.
Sehr festlich wirkt die Torte, wenn Sie auf den Stern kleine Kerzchen stecken, diese anzünden und die Torte so servieren. In 10 gleich große Stücke teilen.
1 Stück Torte entspricht 2 BE.

Nährwert für 1 Stück Weihnachtstorte:
Eiweiß: 6 g · Fett: 23 g · KH: 24 g · BE: 2 · KJ: 1308/Kcal: 313

Nährwert der ganzen Torte:
Eiweiß: 65 g · Fett: 226 g · KH: 235 g · BE: 20 · KJ: 13079/ Kcal: 3126

Herzhaftes
für den bunten Teller
und fürs Silvesterbuffet

Haben Sie sich schon einmal überlegt, für Ihren Weihnachtsteller anstatt süße pikante Plätzchen zu backen? Meines Wissens spricht nichts dagegen. Im Gegenteil. So umgehen Sie das Problem des Süßens (s. S. 11). Durch den eingesparten Zucker haben pikante Plätzchen wesentlich weniger Kohlenhydrate als süße. Man kann dadurch auch einmal ein Plätzchen ohne Anrechnung verzehren. Selbstverständlich kann auch nur ein Teil der süßen Plätzchen durch herzhafte ersetzt werden.
Eine gute Kombination von süßem und pikantem Gebäck für den Weihnachtsteller finde ich: Obst, Nüsse, pikantes Spritzgebäck (s. S. 195), Partyhäppchen (s. S. 197), Kümmelbrezelchen (s. S. 206), Mandelsplitter (s. S. 116), braune Lebkuchen (s. S. 101) und Walnußstanitzel (s. S. 47).

Als Abschluß des Buches noch einige »pikante« Vorschläge für die Silvesterparty.

Sonne, Mond und Sterne aus pikantem Quarkblätterteig

Zutaten für 30 Stück:

75 g kalte Butter oder ungehärtete Diätmargarine

75 g Magerquark · 80 g Weizenvollkornmehl

½ TL Vollmeersalz

ZUM AUSROLLEN:

20 g Weizenvollkornmehl

ZUM BESTREICHEN:

½ Eigelb · 1 TL Wasser

ZUM BESTREUEN:

Mohn · Sesam · geschälte Mandelhälften

Butter, Quark, Mehl und Salz mit einem Messer zu kleinen Streuseln hacken. Dann die Hände unter kaltem Wasser kühlen und die Streusel mit nassen Händen rasch zu einem glatten Teig zusammenkneten. Den Teig in Pergamentpapier schlagen und 60 Minuten im Kühlschrank ruhen lassen.

Den Backofen auf 225°C vorheizen. Ein Schälchen mit heißem Wasser auf den Ofenboden stellen. Ein Backblech mit kaltem Wasser abspülen, nicht abtrocknen.

Die Arbeitsfläche gut mit Mehl bestäuben. Den Teig daraufsetzen, etwas flach rollen und mit dem Pergamentpapier belegen. Den Quarkblätterteig unter der Papierschicht ca. 3 mm stark auswellen.

Mit Ausstechförmchen nach Lust und Auswahl Formen ausstechen und auf das Blech legen. Teigreste kurz zusammenkneten und erneut auswellen. Ergibt etwa 30 Plätzchen.

Eigelb und Wasser verrühren und die Oberfläche der Plätzchen damit bestreichen. Die Plätzchen mit Mohnsamen, Sesam und Mandelhälften hübsch dekorieren.

Bei 220 °C die Plätzchen 14–16 Minuten goldbraun backen.
Warm schmecken sie am besten.
40 g Quarkblätterteiggebäck entsprechen 1 BE.

Nährwert für 1 Blätterteigplätzchen:
Eiweiß: 1 g · Fett: 2 g · KH: 2 g · BE: 0,15 · KJ: 129/Kcal: 31

Nährwert des ganzen Rezepts:
Eiweiß: 22 g · Fett: 64 g · KH: 64 g · BE: 5 · KJ: 3867/Kcal: 942

Variante: **Oliven im Schlafrock:** Den Quarkblätterteig 3 mm dünn ausrollen. Ca. 20 Rechtecke von 4x8 cm ausradeln. Die Rechtecke auf das Blech setzen und die Teigränder dünn mit Eiweiß bestreichen. Auf die Teigstücke jeweils 1 grüne Olive ohne Kern setzen, zusammenklappen, mit Eigelb bestreichen und bei 220 °C 14 Minuten goldbraun backen.

Nährwert für 1 Olive im Schlafrock:
Eiweiß: 2 g · Fett: 3 g · KH: 3 g · BE: 0,25 · KJ: 193/Kcal: 46

Noch eine Variante: **Schafskäsebissen:** Die Rechtecke mit kleinen Schafskäsewürfeln füllen, die Sie vorher mit etwas Olivenöl eingepinselt haben.

Würzige Blitzplätzchen

Wie der Name schon sagt, Plätzchen, die schnell gemacht sind: Einfach den Teig auf dem Blech ausrollen, mit Gewürzen bestreuen, in Stücke schneiden und backen.

Zutaten für 230 g Gebäck:
60 g kalte Butter oder ungehärtete Diätmargarine
150 g Dinkelvollkornmehl · 1 gestrichener TL Vollmeersalz
3/4 TL Backpulver · ca. 4 EL kaltes Wasser · 2 Eigelb
Zum Bestreuen:
1 TL Kümmel · 2 TL Sesam · 1 TL Mohn
1/2 TL Vollmeersalz · gut 1/2 TL Paprikapulver »edelsüß«
1/5 TL Curry

Die Butter in kleine Stücke schneiden. Dinkel, Salz und Backpulver mischen. Butter, Eigelb und Wasser untermengen und rasch zu einem Teig verkneten. Den Mürbeteig abgedeckt 1 Stunde ruhen lassen.

Ein Blech einfetten. Den Backofen auf 200 °C vorheizen.

Den Teig auf das Blech legen, mit wenig Mehl bestäuben und zu einem Rechteck von ca. 25 x 28 cm auswellen.

Die Teigplatte mit etwas kaltem Wasser (mit Pinsel) bestreichen. Die Gewürze mischen und den Teig gleichmäßig damit bestreuen.

Die Teigplatte ganz nach Belieben in Dreiecke, Rauten oder Streifen schneiden und in den Ofen schieben.

Bei 200 °C die Teigplatte 20–22 Minuten knusprig backen. Sogleich mit einem scharfen Messer die markierten Plätzchen nochmals nachschneiden, auf ein Gitter legen und auskühlen lassen.

In einer Keksdose aufbewahren.

30,5 g Plätzchen entsprechen 1 BE.

Mohnkuchen mit Vanilleeis (Rezept Seite 182)

Variante: Die Teigplatte kann auch mit Mandelstiften oder Haselnußblättchen (eventuell zusammen mit etwas grobem Salz) bestreut werden.

Nährwert für 30,5 g Plätzchen:
Eiweiß: 3 g · Fett: 8 g · KH: 12 g · BE: 1 · KJ: 576/Kcal: 138

Nährwert des ganzen Rezepts:
Eiweiß: 23 g · Fett: 64 g · KH: 92 g · BE: 7,5 · KJ: 4324/Kcal: 1033

Gemüsekräcker

Herzhafte Plätzchen mit Biß.

Zutaten für 1 Backblech:
30 g Gemüse (Möhren, Sellerie, Lauch)
1 TL Olivenöl · 3 EL Wasser
80 g kalte Butter oder ungehärtete Diätmargarine
1 TL Vollmeersalz · 1/3 TL Salbei, gerebelt
80 g Weizenvollkornmehl · 40 g Haferflocken
2 EL kaltes Wasser
Zum Auswellen:
20 g Weizenvollkornmehl

Das Gemüse in sehr kleine Würfelchen schneiden und in einem kleinen Topf mit dem Öl und Wasser weichdünsten. In einem Sieb abkühlen lassen.
Die Butter kleinhacken. Salz, Salbei, Mehl, Haferflocken, Gemüse und Wasser zugeben und kurz mithacken. Dann mit den Händen rasch zu einem Teig verkneten.
Den Mürbeteig 1 Stunde abgedeckt im Kühlschrank ruhen lassen.

Den Backofen auf 200 °C vorheizen. Ein Backblech leicht einfetten.
Die Arbeitsfläche mit Mehl bestäuben und den Teig darauf ca. 3–4 mm dick auswellen. Mit einem Ausstechförmchen oder Glas 28 Plätzchen von 5,5 cm Ø ausstechen und auf das Blech setzen.
Die Gemüsekräcker bei 200 °C 14–15 Minuten hellbraun backen und auf einem Kuchengitter auskühlen lassen.
Diese Plätzchen sind sehr sättigend. Sie eignen sich auch gut zum Mitnehmen als Zwischenmahlzeit eventuell zu einem Stück Obst. 4 Gemüsekräcker entsprechen 1 BE.

Nährwert für 1 Gemüsekräcker:
Eiweiß: 1 g · Fett: 3 g · KH: 3 g · BE: 0,25 · KJ: 164/Kcal: 39

Nährwert des ganzen Rezepts:
Eiweiß: 17 g · Fett: 76 g · KH: 85 g · BE: 7 · KJ: 4581/Kcal: 1095

Pikantes Spritzgebäck

Zutaten für 25 Stück (160 g Gebäck):

80 g Weizenvollkornmehl · 1 gute Msp Backpulver

30 g würziger Käse, fein gerieben

1 gute Msp Paprikapulver »edelsüß«

1 gute Msp Curry · ½ TL Vollmeersalz

70 g weiche Butter oder ungehärtete Diätmargarine

1 Eigelb · 2 EL Wasser

ZUM BESTREICHEN:

1 Eigelb · 1 TL Wasser

ZUM BESTREUEN:

Mohn, ganzer Kümmel, Sesam und, falls vorhanden, Pinienkerne und Pistazien

Den Backofen auf 180 °C vorheizen.
Das Mehl mit dem Backpulver, Käse, Gewürzen und Salz mischen.
Die Butter mit dem Eigelb 4 Minuten cremig rühren. Dann die Mehlmischung zusammen mit dem Wasser schnell unter die Buttercreme rühren.
Den Teig in einen Spritzbeutel mit Sterntülle füllen. Mit etwas Abstand jeweils 5 Kringel, Herzen, Streifen, Häufchen und S auf ein Blech spritzen.
Das Eigelb mit 1 TL Wasser verquirlen und die Plätzchen vorsichtig damit betupfen.
Abwechselnd mit Mohn, Kümmel, Sesam, Pistazien und Pinienkernen dekorieren.
Die Plätzchen bei 180 °C ca. 20 Minuten hellbraun backen. Auf einem Kuchengitter auskühlen lassen und in einer Gebäckdose aufbewahren.
40 g pikantes Spritzgebäck entsprechen 1 BE.

Nährwert für 1 Plätzchen:
Eiweiß: 1 g · Fett: 3 g · KH: 2 g · BE: 0,16 · KJ: 148/Kcal: 35

Nährwert des ganzen Rezepts:
Eiweiß: 24 g · Fett: 81 g · KH: 49 g · BE: 4 · KJ: 3705/Kcal: 885

Partyhäppchen

Für dieses Gebäck wird der Mürbeteigboden mit einer würzigen Käsecreme bestrichen, gebacken und in Dreiecke geschnitten. Diese saftigen Käseecken sehen durch kleine Paprika- und Olivenstückchen sehr farbenfroh aus. Sehr hübsch auf einem pikanten bunten Teller.

Zutaten für 32 Stück:
FÜR DEN MÜRBETEIG:
100 g Weizenvollkornmehl · 1 Msp Backpulver
½ TL Vollmeersalz · 1 Msp Paprikapulver »edelsüß«
½ Msp Curry · 50 g kalte Butter oder ungehärtete Diätmargarine
3 EL kaltes Wasser
FÜR DIE KÄSECREME:
40 g würziger Käse (alter Gouda, Raclette, Greyerzer, Appenzeller)
½ Eigelb · 25 g Crème fraîche · 50 g Sahne
¼ Knoblauchzehe, fein zerdrückt · ¼ TL Kräuter der Provence
20 g rote Paprika, kleingewürfelt
2 schwarze Oliven, kleingewürfelt · Kräutersalz

Das Mehl mit dem Backpulver, Salz und den Gewürzen mischen und auf die Arbeitsplatte geben. Die Butter in kleine Stücke hakken, zur Mehlmischung geben und alles mit einem Messer zu Bröseln hacken. Das Wasser zugeben und alle Zutaten mit kalten Händen rasch zu einem glatten Teig verkneten. Den Mürbeteig 1 Stunde im Kühlschrank kalt stellen.

Inzwischen den Käse fein reiben und mit dem Eigelb, Crème fraîche, Sahne, Knoblauch und Kräutern mischen. Paprika und

Oliven unterrühren, salzen und die Käsecreme bei Zimmertemperatur durchziehen lassen.
Den Backofen auf 175°C vorheizen. Ein Backblech leicht einfetten. Den Mürbeteig auf das Blech legen und zu einem Rechteck von 20x20 cm auswallen. Mit einer Gabel mehrmals den Mürbeteig einstechen, damit er beim Backen keine Blasen wirft. Bei 175°C den Mürbeteig 15 Minuten vorbacken. Dann aus dem Ofen nehmen und den Boden auf dem Blech abkühlen lassen.
Den Mürbeteigboden mit der Käsecreme bestreichen und bei 175°C ca. 25 Minuten goldbraun backen. Das Gebäck sofort nach dem Backen in Quadrate von 5x5 cm schneiden und diese jeweils diagonal zu Dreiecken schneiden. Auf einem Gitter auskühlen lassen.
Das gesamte Rezept entspricht 5 BE. Gut 6 Partyhäppchen entsprechen 1 BE.

Nährwert für 1 Partyhäppchen:
Eiweiß: 1 g · Fett: 2 g · KH: 2 g · BE: 0,15 · KJ: 136/Kcal: 32

Nährwert des ganzen Rezepts:
Eiweiß: 26 g · Fett: 74 g · KH: 63 g · BE: 5 · KJ: 4366/Kcal: 1043

Gorgonzolahäufchen und Olivenbällchen

Ein luftiges und sehr würziges Gebäck und dabei sehr kohlenhydrat- und kalorienarm. Hier wird eine Hälfte des Brandteiges mit Gorgonzola und Walnüssen abgeschmeckt, die andere mit Oliven und Mandeln.
Weitere Würzmöglichkeiten: Schafskäsewürfel und Sesam, oder in Olivenöl gedünstete Zwiebelwürfelchen, oder Appenzeller Käse und Kümmel.
Auf jeden Fall können bei diesem Gebäck aufgrund der niedrigen BE-Menge auf einmal 2–3 Stücke ohne Anrechnung verzehrt werden.

Zutaten für 1 Backblech (ca. 35 Stück):
FÜR DEN BRANDTEIG:
40 g Butter oder ungehärtete Diätmargarine
120 g Wasser · ½ TL Vollmeersalz
60 g Weizenvollkornmehl · 2 Eier
FÜR DIE GORGONZOLAHÄUFCHEN:
20 g Gorgonzola · ca. 18 Walnußviertel
FÜR DIE OLIVENBÄLLCHEN:
10 g grüne Oliven, ohne Stein gewogen
10 g Mandeln · 1 EL Mandelbällchen

Butter, Wasser und Salz zum Kochen bringen. Sobald die Flüssigkeit kocht, das Mehl dazugeben und kräftig rühren, bis sich ein Kloß bildet. Bei mittlerer Hitze weiterrühren (ca. 2 Minuten), bis sich am Topfboden ein weißer Belag bildet, der Teig somit abgebrannt ist. Den Teig in eine Rührschüssel füllen und 2 Minuten

abkühlen lassen. Dann die Eier unterrühren und den Brandteig abgedeckt 2 Stunden im Kühlschrank quellen lassen.
Den Backofen auf 225 °C vorheizen. Ein Backblech einfetten.
Den Teig in 2 Portionen à 130 g teilen.
Unter die eine Teighälfte den kleingewürfelten Gorgonzola mischen, unter die andere die kleingehackten Oliven und Mandeln.
Aus je ½ TL Teig kleine Häufchen mit etwas Abstand auf das Blech setzen.
Die Gorgonzolahäufchen mit den Walnußvierteln verzieren, die Olivenbällchen mit den Mandelblättchen bestreuen.
Bei 225 °C ca. 25 Minuten hellbraun backen. Während der Backzeit auf keinen Fall die Ofentüre öffnen.
Auf einem Kuchengitter auskühlen lassen. Warm oder gerade abgekühlt schmeckt dieses Gebäck am besten.
12 Gorgonzolahäufchen bzw. Olivenbällchen entsprechen 1 BE.

Nährwert für 1 Plätzchen:
Eiweiß: 1 g · Fett: 2 g · KH: 1 g · BE: 0,09 · KJ: 99/Kcal: 24

Nährwert des ganzen Rezepts:
Eiweiß: 26 g · Fett: 62 g · KH: 39 g · BE: 3 · KJ: 3458/Kcal: 826

Tip: Weichgewordene Plätzchen können im vorgeheizten Ofen bei 200 °C 5–10 Minuten aufgebacken werden.

Überraschungsbrötchen

In diese Brötchen können Sie alles einbacken, was Ihnen Ihre Fantasie eingibt. Sämtliche Käsesorten wie Schafskäsewürfel, Butterkäse, Appenzeller, alter Gouda, Kräuterfrischkäse oder Emmentaler.
Außerdem mischen Sie in den Teig eingelegte, milde Peperonischeibchen, eingelegte Tomatenpaprika, grüne Pfefferkörner, gedünstete Zwiebel- oder Gemüsewürfelchen oder schwarze oder grüne Oliven.
Besonders würzig schmeckt folgende Zusammenstellung:

Zutaten für 12 Brötchen:
20 g Hefe · 1 Eigelb · 130 g zimmerwarmes Wasser
1 EL zerlassene, lauwarme Butter oder ungehärtete Diätmargarine
240 g Weizenvollkornmehl
1 TL Vollmeersalz · 1 TL Fruchtzucker
ZUM FÜLLEN:
1 kleine Zwiebel · 1 EL gehackte Petersilie
1 EL Sonnenblumenöl · 100 g Emmentaler

Hefe, Eigelb, Wasser, Butter, Mehl, Salz und Zucker in die Küchenmaschine oder Rührschüssel geben und 10 Minuten kneten. Dann mit einem feuchten Tuch abgedeckt 30 Minuten bei Zimmertemperatur gehen lassen, bis sich sein Volumen etwa verdoppelt hat.
Inzwischen die Zwiebel fein würfeln und in heißem Öl hellbraun braten. Dann die Petersilie untermischen und die Masse abkühlen lassen.
Käse grob raspeln.
Ein Backblech einfetten.
Den Teig kurz durchkneten, Zwiebeln und Käse unterarbeiten

und in 12 Portionen à 40 g teilen. Die Teigportionen zu runden Bällchen formen und mit etwas Abstand auf das Blech setzen. Die Brötchen mit einem feuchten Tuch abgedeckt 20 Minuten gehen lassen.
Den Backofen auf 250 °C vorheizen. Ein feuerfestes Schälchen mit kochendem Wasser auf den Ofenboden stellen.
Die Brötchen bei 250 °C 15–20 Minuten goldbraun backen. Ofenwarm eventuell mit frischer Butter servieren.
1 Brötchen entspricht 1 BE.

Nährwert für 1 Überraschungsbrötchen:
Eiweiß: 5 g · Fett: 4 g · KH: 12 g · BE: 1 · KJ: 444/Kcal: 106

Nährwert des ganzen Rezepts:
Eiweiß: 66 g · Fett: 49 g · KH: 147 g · BE: 12 · KJ: 5331/Kcal: 1274

Griechische Käsestangen

Zutaten für ca. 28 Stück:

100 g griechischer Schafskäse

60 g kalte Butter oder ungehärtete Diätmargarine

80 g Weizenvollkornmehl · ¼ TL Vollmeersalz

ZUM AUSWELLEN:

20 g Weizenvollkornmehl

ZUM BESTREUEN:

geschälter Sesam

Den Käse sehr fein zerbröseln. Mit der Butter, dem Vollkornmehl und dem Salz mit einem großen Messer zu kleinen Streuseln bakken. Die Hände unter kaltem Wasser abkühlen und mit noch nas-

sen Händen die Streusel rasch zu einem Teig verkneten. Schafskäsestückchen dürfen ruhig noch zu sehen sein.
Den Teig in Pergamentpapier einschlagen und 60 Minuten im Kühlschrank ruhen lassen.
Die Arbeitsfläche mit Mehl bestreuen.
Ein Backblech kalt abspülen, nicht abtrocknen. Den Backofen auf 220 °C vorheizen.
Den Teig 5–6 mm dick auswellen. Mit Lineal und Teigrädchen Streifen von 7x2 cm ausrädeln. Teigreste kurz zusammenkneten und wieder auswellen. Ergibt ca. 28 Käsestangen.
Die Käsestangen auf das Blech setzen, mit kaltem Wasser bestreichen und mit Sesam bestreuen.
Bei 220 °C die Käsestangen 12–13 Minuten knusprig goldbraun backen.
Auf einem Kuchengitter auskühlen lassen.
37 g Käsestangen (ca. 5,5 Stück) entsprechen 1 BE.

Nährwert für 1 Käsestange:
Eiweiß: 1 g · Fett: 3 g · KH: 2 g · BE: 0,16 · KJ: 156/Kcal: 37

Nährwert des ganzen Rezepts:
Eiweiß: 33 g · Fett: 74 g · KH: 61 g · BE: 5 · KJ: 4355/Kcal: 1041

Erdnußkekse

(Foto Seite 211)

Sehr knusprige, unkomplizierte Kekse, die in der Pfanne gebacken werden. Bei Übergewicht sind sie jedoch nicht geeignet.

Zutaten für ca. 28 Stück:
100 g Vollkornreis, mehlfein gemahlen
2 Knoblauchzehen · Meersalz · Tabasco
2 gute Msp Cayennepfeffer · Pfeffer aus der Mühle
150 g ungesalzene Erdnüsse
200 g Butterschmalz oder ungehärtetes Kokosfett

Das Reismehl mit 175 g Wasser verrühren und 10 Minuten quellen lassen.
Die Knoblauchzehen schälen, durchpressen und zum Teig geben. Den Reisteig würzig mit Salz, Tabasco und den Gewürzen abschmecken. Die Erdnüsse unterrühren.
Das Fett in einer Pfanne erhitzen. Jeweils 1 EL Erdnußteig mit Abstand als runde Plätzchen in die Pfanne setzen und diese bei mittlerer Hitze auf beiden Seiten goldbraun backen (insgesamt ca. 5 Minuten). Ergibt ca. 28 Kekse. Die Erdnußkekse herausnehmen, eventuell noch etwas nachsalzen, auf Küchenkrepp abtropfen lassen und erst abgekühlt verzehren.
Frisch schmecken sie am besten, halten sich jedoch in Blechdosen bis zu 4 Wochen.
4 Erdnußkekse entsprechen 1 BE.

Nährwert für 1 Erdnußkeks:
Eiweiß: 2 g · Fett: 6 g · KH: 3 g · BE: 0,25 · KJ: 313/Kcal: 75

Nährwert des ganzen Rezepts:
Eiweiß: 47 g · Fett: 173 g · KH: 88 g · BE: 7 · KJ: 8780/Kcal: 2098

Sesamsterne gefüllt mit Kräutercreme

Dieses luftige Brandteiggebäck sollte gefüllt frisch gegessen werden, da es schnell aufweicht.
»Pur« jedoch kann es luftdicht verschlossen länger aufbewahrt werden. Eine kalorienarme, pikante Knabberei.

Zutaten für 20 gefüllte Sterne:
FÜR DEN BRANDTEIG:
40 g Butter oder ungehärtete Diätmargarine
120 g Wasser · ½ TL gekörnte Gemüsebrühe
60 g Weizenvollkornmehl · 20 g Parmesan, frisch gerieben
1½–2 Eier · Kräutersalz · Muskat, frisch gerieben
ZUM BESTREUEN:
geschälter Sesam
FÜR DIE FÜLLUNG:
250 g Quark, 40% Fett · Zitronensaft · Kräutersalz
1 EL frische Kräuter (Schnittlauch, Basilikum) oder 1 TL getrocknete

Butter, Wasser und gekörnte Brühe zum Kochen bringen. Sobald die Flüssigkeit kocht, das Mehl hineinschütten und kräftig rühren, bis sich ein Kloß bildet. Bei mittlerer Hitze weiterrühren (ca. 2 Minuten), bis sich am Topfboden ein weißer Belag bildet, der Teig also abgebrannt ist. Den Teig in eine Rührschüssel füllen und 2 Minuten abkühlen lassen. Den Käse zugeben, dann nacheinander die Eier unter den Teig arbeiten. Vom zweiten Ei nur soviel, daß der Teig speckig glänzt und feste Spitzen bildet. Den Brandteig mit Kräutersalz und Muskat abschmecken.
Den Backofen auf 200 °C vorheizen. Ein Backblech einfetten.

Den Teig in einen Spritzbeutel mit Sterntülle füllen und 40 walnußgroße Sterne (Kreuze) mit etwas Abstand auf das Blech spritzen. Die Sterne mit Sesam bestreuen und bei 200 °C 20 Minuten backen. Auf einem Kuchengitter auskühlen lassen.
Für die Füllung den Quark in ein Tuch geben und 40 g Molke ausdrücken. Den Quark mit Zitronensaft, Kräutersalz und den Kräutern abschmecken. Den Kräuterquark in einen Spritzbeutel geben und jeweils einen kirschgroßen Tupfen in die Mitte der Unterseite von 20 Sternen spritzen. Die Füllung mit einem zweiten Stern abdecken. Sofort servieren.

Nährwert für 1 gefüllten Stern:
Eiweiß: 3 g · Fett: 4 g · KH: 2 g · BE: 0,15 · KJ: 236/Kcal: 56

Nährwert von 1 Stern »pur«:
Eiweiß: 0,5 g · Fett: 1 g · KH: 1 g · BE: 0,075 · KJ: 75/Kcal: 18

Kümmelbrezelchen

Zutaten für 2 Backbleche (52 Stück):

240 g Weizenvollkornmehl · 10 g Hefe

1 gestrichener TL Vollmeersalz · 1 gestrichener TL Fruchtzucker

100 g Wasser, zimmerwarm

80 g weiche Butter oder ungehärtete Diätmargarine

ZUM BESTREICHEN:

1 Eigelb

ZUM BESTREUEN:

ganzer Kümmel · grobes Salz

Weizenvollkornmehl, zerbröckelte Hefe, Salz, Fruchtzucker und Wasser in die Küchenmaschine geben und kurz durchkneten. Die

Maschine in Betrieb lassen, dabei die Butter flöckchenweise zugeben. Den Teig ca. 8 Minuten kneten. Dann mit einem feuchten Tuch abgedeckt bei Zimmertemperatur 45 Minuten gehen lassen. Ein Backblech leicht einfetten.
Den Teig kurz durchkneten und in 52 Portionen à 8 g teilen. Jede Teigportion zu einem 20 cm langen Strang rollen, zu einer Brezel formen und aufs Blech legen. Mit einem feuchten Tuch abgedeckt die Brezelchen 20 Minuten gehen lassen.
Den Backofen auf 225°C vorheizen.
Die Brezeln dünn mit Eigelb bestreichen, mit Kümmel und (sehr sparsam) mit Salz bestreuen.
Die Kümmelbrezelchen bei 225°C 20–25 Minuten knusprig goldbraun backen. Auf einem Gitter auskühlen lassen und luftdicht verschlossen aufbewahren.
4⅓ Brezeln entsprechen 1 BE.

Nährwert für 1 Kümmelbrezelchen:
Eiweiß: 1 g · Fett: 1 g · KH: 3 g · BE: 0,25 · KJ: 114/Kcal: 27

Nährwert des ganzen Rezepts:
Eiweiß: 31 g · Fett: 77 g · KH: 150 g · BE: 12 · KJ: 5945/Kcal: 1421

Pikante Partytörtchen

Zutaten für 8 Stück:

FÜR DEN QUARKBLÄTTERTEIG:

75 g kalte Butter oder ungehärtete Diätmargarine

75 g Magerquark · 80 g Weizenvollkornmehl

½ TL Vollmeersalz

FÜR DEN CHAMPIGNONBELAG:

120 g Champignons, geputzt gewogen · ½ Zwiebel

1 EL Sonnenblumenöl · 1 EL Crème fraîche

½ Eigelb · Kräutersalz · 1 Msp Knoblauch

FÜR DEN KÄSEBELAG:

120 g Quark · 1 EL Zwiebel, fein gewürfelt

1 Tomate, gehäutet, entkernt und gewürfelt

½ EL feingewürfelte Tomatenpaprika aus dem Glas (mit Süßstoff eingemacht)

½ Eigelb · 50 g Parmesan, grob geraspelt

1 Msp Knoblauch · Kräutersalz

ZUM AUSWELLEN:

20 g Weizenvollkornmehl

ZUM GARNIEREN:

½ Bund Schnittlauch

Butter, Quark, Mehl und Salz mit einem großen Messer zu kleinen Streuseln hacken. Dann die Hände unter kaltem Wasser kühlen und die Streusel rasch mit nassen Händen zu einem glatten Teig verkneten. Den Teig in Pergamentpapier schlagen und 60 Minuten im Kühlschrank ruhen lassen.
Zwischenzeitlich die Beläge zubereiten. Dafür die Champignons in Scheiben schneiden. Die Zwiebel fein würfeln. Pilze und Zwie-

beln in heißem Öl 3 Minuten braten. Aus der Pfanne nehmen und abkühlen lassen. Dann Crème fraîche und Eigelb untermischen. Mit Kräutersalz und Knoblauch abschmecken.
Für den Käsebelag Quark, Zwiebeln, Tomatenwürfel, Paprika, Eigelb, Parmesan und Knoblauch verrühren und mit Kräutersalz abschmecken.
Ein Backblech mit kaltem Wasser abspülen, nicht abtrocknen. Den Backofen auf 225°C vorheizen. Die Arbeitsfläche mit Mehl bestäuben. Ein Glas/Kompottschälchen (10 cm Ø) bereitlegen.
Den Teig 3–4 mm stark auswellen und 8 Plätzchen (10 cm Ø) ausstechen. Die Plätzchen mit etwas Abstand auf das Blech legen. Die Hälfte der Plätzchen mit der Champignonmasse belegen, auf den restlichen die Käsecreme gleichmäßig verteilen.
Die Partytörtchen bei 225°C 20 Minuten backen.
Schnittlauch in Röllchen schneiden und die frischgebackenen Törtchen damit bestreuen. Sofort genießen.
1 Törtchen entspricht 0,6 BE.

Nährwert für 1 Partytörtchen (gilt für beide Sorten):
Eiweiß: 9 g · Fett: 18 g · KH: 12 g · BE: 0,8 · KJ: 1102/Kcal: 263

Nährwert des ganzen Rezepts:
Eiweiß: 54 g · Fett: 112 g · KH: 73 g · BE: 5 · KJ: 6614/Kcal: 1580

Gemüseschnecken mit Erdnüssen

Hefeschnecken mit einer herzhaften Füllung aus Paprika, Käse und Erdnüssen. Sie schmecken besonders gut frisch gebacken, jedoch abgekühlt.
Auch als Zwischenmahlzeit und für unterwegs sind die Gemüseschnecken gut geeignet.

Zutaten für 10 Stück:
FÜR DEN HEFETEIG:
190 g Weizenvollkornmehl · 110 g kaltes Wasser
10 g Hefe · 1 TL Vollmeersalz
30 g weiche Butter oder ungehärtete Diätmargarine
FÜR DIE FÜLLUNG:
1 Zwiebel · 1 rote Paprikaschote
50 g Lauch, geputzt gewogen · 1 EL Butter oder Sonnenblumenöl
8 EL Wasser · ½ TL Senf, gemahlen
1 TL Paprikapulver »edelsüß«
50 g Emmentaler, frisch gerieben · 1 EL Crème fraîche
80 g Erdnüsse, halb fein, halb grob gemahlen
Kräutersalz · 1 Spritzer Essig
ZUM BESTREUEN:
Paprikapulver · Kümmel, ganz

Für den Hefeteig das Weizenvollkornmehl, Wasser, Hefe, Salz und Butter in die Küchenmaschine geben und 10 Minuten kneten.
Den Hefeteig unter einem feuchten Tuch an einem warmen Platz 30 Minuten gehen lassen.
Für die Füllung die Zwiebel würfeln. Die Paprikaschoten waschen, halbieren, entkernen und in kleine Würfel schneiden. Den

Erdnußkekse (Rezept Seite 204)

Lauch waschen und in feine Streifen schneiden. Zwiebeln, Paprika, Lauch, Butter und Wasser in eine tiefe Pfanne geben und zugedeckt gar dünsten.
Das Gemüse mit dem Senf, Paprikapulver, Käse, Crème fraîche und Erdnüssen mischen. Mit dem Kräutersalz und Essig herzhaft abschmecken. Ein Backblech gut einfetten.
Den Hefeteig auf einer leicht bemehlten Arbeitsfläche zu einer Platte von 20x30 cm auswellen. Die Füllung gleichmäßig daraufstreichen und das Rechteck der Länge nach zu einer 20 cm langen Walze aufrollen. Von der Teigwalze mit einem Sägemesser 10 Scheiben à 2 cm Dicke abschneiden und auf das Blech legen. Die Schnekken mit einem feuchten Tuch abgedeckt 30 Minuten in Ofennähe gehen lassen.
Den Backofen auf 200 °C vorheizen.
Die Schneckennudeln dünn mit etwas Paprikapulver bestäuben und mit Kümmel bestreuen.
Die Gemüseschnecken bei 200 °C 20 Minuten goldbraun backen.
1 Gemüseschnecke entspricht 1 BE.

Kalorienreicher und saftiger: Die Gemüseschnecken 10 Minuten vor Ende der Backzeit üppig mit geraspeltem Emmentaler bestreuen.

Nährwert für 1 Gemüseschnecke:
Eiweiß: 6 g · Fett: 11 g · KH: 13 g · BE: 1 · KJ: 757/Kcal: 181

Nährwert des ganzen Rezepts:
Eiweiß: 63 g · Fett: 113 g · KH: 135 g · BE: 10 · KJ: 7574/Kcal: 1810

Pikante Sesamblätter

Ein Art »Miniknäcke«, mit fein-nussigem Geschmack. Dieses Gebäck ist so kohlenhydratarm, daß 1 oder 2 Stücke ohne Anrechnung verzehrt werden können.

Zutaten für 1 Backblech:
40 g Butter oder ungehärtete Diätmargarine
100 g Weizenvollkornmehl · 50 g Haferflocken
3/4 TL Vollmeersalz · 1/3 TL Koriander, gemahlen
2 gute Msp Curry · 150 g kaltes Wasser
ZUM BESTREUEN:
30 g Sesam, geschält

Die Butter bei kleiner Hitze zerlassen und abkühlen lassen.
Das Mehl mit den Flocken, Salz, Gewürzen, Wasser und der Butter verrühren und 30 Minuten quellen lassen.
Ein Backblech gut einfetten. Den Backofen auf 200 °C vorheizen.
Den Teig in die Blechmitte geben und mit einem nassen Teigschaber gleichmäßig auf die gesamte Blechgröße ausstreichen.
Mit einem Messer auf dem Teig Rauten oder Rechtecke von ca. 5x4 cm markieren. Die Teigplatte gleichmäßig mit dem Sesam bestreuen und bei 200 °C in den Ofen schieben.
Die Teigplatte nach 10 Minuten aus dem Backofen holen und die markierten Linien nachschneiden (sonst lassen sich die Plätzchen später schlecht trennen). Den Teig bei 200 °C nochmals 7–10 Minuten backen, bis die Sesamblätter kroß und trocken sind und sich nach oben wölben.
Die Sesamblätter auf einem Gitter auskühlen lassen und luftdicht verschlossen aufbewahren.
25 g Sesamblätter (ca. 12 Stück) entsprechen 1 BE.

Nährwert für 25 g Sesamblätter:
Eiweiß: 2 g · Fett: 7 g · KH: 12 g · BE: 1 · KJ: 533/Kcal: 127

Nährwert des ganzen Rezepts:
Eiweiß: 18 g · Fett: 54 g · KH: 94 g · BE: 7,5 · KJ: 4002/Kcal: 957

Champignontaschen

Zutaten für 1 Backblech (ca. 15 Stück):
FÜR DEN TEIG:
70 g kalte Butter oder ungehärtete Diätmargarine
40 g Emmentaler, fein gerieben · 80 g Quark
knapp 1 TL Vollmeersalz · 100 g Weizenvollkornmehl
FÜR DIE FÜLLUNG:
250 g Champignons, geputzt gewogen
1½ EL Sonnenblumenöl · ½ Zwiebel · Kräutersalz
ZUM AUSWELLEN:
20 g Weizenvollkornmehl
ZUM BESTREICHEN:
2 EL Sahne · Sesam

Die Butter in Stückchen hacken und mit dem Käse, dem Quark, Salz und Mehl rasch zu einem glatten Teig verkneten.
Den Teig abgedeckt 1–2 Stunden im Kühlschrank ruhen lassen.
Für die Füllung die Pilze blättrig schneiden. Das Öl erhitzen, die Zwiebel fein würfeln und zusammen mit den Pilzen im Öl ca. 5 Minuten dünsten. Dann mit Kräutersalz abschmecken und abkühlen lassen.
Den Backofen auf 225 °C vorheizen. Das Backblech leicht einfetten.
Die Arbeitsfläche mit etwas Mehl bestäuben und den Teig darauf dünn auswellen (ca. 2 mm). Mit einem runden Ausstechförmchen oder Glas 15 Plätzchen mit 9 cm Ø ausstechen. In die Mitte jedes Plätzchens knapp ½ EL Füllung geben, zu Halbkreisen zusammenklappen und an den Kanten mit einer Gabel festdrücken.
Die Champignontaschen mit Sahne bestreichen und mit Sesam bestreuen. Bei 225 °C 20–22 Minuten knusprig braun backen.

Ofenfrisch schmecken die Champignontaschen am besten. 2,5 Stück entsprechen 1 BE.

Nährwert für 1 Champignontasche:
Eiweiß: 3 g · Fett: 6 g · KH: 5 g · BE: 0,4 · KJ: 377/Kcal: 90

Nährwert des ganzen Rezepts:
Eiweiß: 44 g · Fett: 96 g · KH: 80 g · BE: 6 · KJ: 5657/Kcal: 1352

Lauchquiche

Zutaten für ½ Backblech:

FÜR DEN MÜRBETEIG:

140 g Weizenvollkornmehl · 50 g Hirse, fein gemahlen
1 gestrichener TL Vollmeersalz
1 TL feingehackter frischer Salbei oder ¼ TL getrockneter
1 TL Paprikapulver »edelsüß« · 1 TL ganzer Kümmel
90 g kalte Butter oder ungehärtete Diätmargarine
3 EL kaltes Wasser

FÜR DEN BELAG:

500 g Lauch, geputzt gewogen · 1 EL Sonnenblumenöl
3 EL Wasser · 200 g saure Sahne, 10 % Fett
100 g Emmentaler oder mittelalter Gouda
1 TL Senfkörner · 1 TL Paprikapulver »edelsüß«
1 TL ganzer Kümmel · Vollmeersalz

Die beiden Mehlsorten mit dem Salz, Salbei, Paprika und Kümmel mischen. Die Butter mit einem großen Messer würfeln. Zusammen mit dem Wasser und der Mehlmischung zu einem glat-

ten Teig verkneten. Den Mürbeteig abgedeckt 1 Stunde im Kühlschrank ruhen lassen.
Inzwischen den Lauch in 1 cm große Stücke schneiden und mit dem Öl und Wasser bei geschlossenem Deckel knackig gar dünsten. Dann in einem Sieb abtropfen und abkühlen lassen.
Das Backblech leicht einfetten. Den Backofen auf 180 °C vorheizen.
Den Lauch mit der sauren Sahne mischen. Den Käse fein raspeln. Den Senf im Mixer fein mahlen. Käse, Senf, Paprika und Kümmel zum Lauch geben und mit Salz abschmecken.
Das halbe Backblech mit dem Mürbeteig auslegen. An den Seiten einen kleinen Rand hochziehen. Die Lauchmasse gleichmäßig auf dem Boden verteilen.
Die Lauchquiche bei 180 °C ca. 35 Minuten goldbraun backen.
In 15 gleich große Stücke teilen. 1 Stück entspricht 0,66 BE.
Diese herzhafte Lauchquiche schmeckt warm und kalt ausgezeichnet. Sie kann auch gut zum Arbeitsplatz mitgenommen werden.

Nährwert für 1 Stück Lauchquiche:
Eiweiß: 4 g · Fett: 7 g · KH: 10 g · BE: 0,66 · KJ: 504/Kcal: 120

Nährwert der ganzen Lauchquiche:
Eiweiß: 66 g · Fett: 108 g · KH: 143 g · BE: 10 · KJ: 7554/Kcal: 1805

Paprikakuchen mit Austernpilzen

Zutaten für ½ Backblech (12 Stück):

Für den Hefeteig:

80 g kaltes Wasser · 10 g Hefe · 120 g Weizenvollkornmehl
½ TL Vollmeersalz · 10 g Olivenöl

Für den Belag:

350 g Austernpilze · 350 g Paprika, rot und grün
1 Zwiebel · 3 EL Olivenöl
1 TL gekörnte Brühe · schwarzer Pfeffer aus der Mühle
Kräutersalz · Zitronensaft
1 Knoblauchzehe (nach Belieben)

Zum Bestreuen:

40 g Parmesan, frisch gerieben · 20 g Vollkornsemmelbrösel
40 g kalte Butter oder ungehärtete Diätmargarine in Flöckchen
4 Zweiglein frischer Thymian

Hefe und Wasser verrühren. Dann das Mehl, Salz und Öl zugeben und 8 Minuten in der Küchenmaschine oder mit dem Handrührgerät kneten.
Mit einem feuchten Tuch abgedeckt, den Hefeteig 30 Minuten bei Zimmertemperatur gehen lassen.
Inzwischen für den Belag die Austernpilze gründlich waschen, mit einem Küchentuch trockentupfen und in 2 cm breite Streifen schneiden.
Die Paprikaschoten halbieren, Stielansatz und Kerne herauslösen, waschen und trockentupfen. Dann in ca. 1,5 cm große Würfel schneiden.
Die Zwiebel würfeln. Das Öl in 2 Pfannen erhitzen. In diesen jeweils die Hälfte der Austernpilze anbraten, dann die Zwiebeln und Paprika zugeben. Insgesamt das Gemüse ca. 5 Minuten schmo-

ren lassen. Mit gekörnter Brühe, Pfeffer, Kräutersalz und Zitronensaft abschmecken. Die Gemüsemischung eventuell noch mit Knoblauch würzen. Abkühlen lassen.
Die Hälfte eines Backblechs mit Butter einfetten. Den Backofen auf 200 °C vorheizen.
Den Hefeteig auf die Blechhälfte legen und auswellen. Ringsum einen kleinen Rand hochziehen. Das Gemüse gleichmäßig auf dem Teig verteilen. Dann mit dem Parmesan, den Bröseln und den Butterflöckchen bestreuen. Thymianblättchen von den Zweigen abstreifen und darüberstreuen. Den Paprikakuchen bei 200 °C 20 Minuten backen.
In 12 gleich große Stücke schneiden und sofort servieren. 1 Stück entspricht 0,6 BE.
Dieser Kuchen schmeckt auch kalt und eignet sich daher gut zum Mitnehmen.

Nährwert für 1 Stück Paprikakuchen:
Eiweiß: 3 g · Fett: 7,5 g · KH: 8 g · BE: 0,6 · KJ: 485/Kcal: 116

Nährwert des ganzen Paprikakuchens:
Eiweiß: 38 g · Fett: 90 g · KH: 102 g · BE: 7 · KJ: 5817/Kcal: 1390

Blumenkohlpastete

Bei diesem Kuchen ist der Teig knapp bemessen. Wenn Sie ihn hauchdünn ausrollen, reicht er aus, um die Füllung mit Teigstreifen zu belegen.
Sind Sie nicht so geübt, kleiden Sie mit dem Mürbeteig nur Boden und Rand der Form aus. Dann das ganze Ei unter die Füllung mischen.

Zutaten für 1 Springform (26 cm Ø):
FÜR DEN MÜRBETEIG:
100 g kalte Butter oder ungehärtete Diätmargarine
180 g Weizenvollkornmehl · 1 gestrichener TL Vollmeersalz
1 Ei · 2–3 EL kaltes Wasser
FÜR DIE FÜLLUNG:
500 g Blumenkohl, geputzt gewogen · 100 g Wasser
1 TL gekörnte Gemüsebrühe
20 g Butter oder ungehärtete Diätmargarine
70 g Camembert, 45 % F. i. Tr., gewürfelt · 100 g Crème fraîche
1 Ei · Kräutersalz · frisch geriebene Muskatnuß
Zitronensaft · 2 TL Sahne

Für den Teig Butter klein würfeln und mit dem Mehl, dem Salz, Ei und Wasser rasch zu einem glatten Teig verkneten. Den Teig abgedeckt 30 Minuten in den Kühlschrank legen.
Eine Springform (26 cm Ø) einfetten.
Den Blumenkohl in Röschen teilen und mit dem Wasser, der Gemüsebrühe und Butter 15 Minuten in einer geschlossenen Pfanne knackig gar dünsten. Dann Camembert und Crème fraîche unterrühren und etwas abkühlen lassen. Das Ei mit einer Gabel verschlagen, 2 TL davon beiseite stellen. Das restliche Ei unter die

Blumenkohlmasse mischen. Die Füllung mit Kräutersalz, Muskat und Zitronensaft pikant abschmecken.
Den Backofen auf 200 °C vorheizen.
Den Boden der Springform mit der Hälfte des Mürbeteigs auslegen. Aus einem Viertel der Teigmenge einen 2 cm hohen Rand formen. Die Blumenkohlfüllung daraufgeben und glattstreichen. Den restlichen Teig zu einem ca. 24 cm langen und 8 cm breiten Teigstreifen auswellen. 4 Teigstreifen mit 24 cm Länge und 2 cm Breite ausrädeln und mit 5 cm breitem Abstand nebeneinander auf die Füllung legen. Überstehende Teigstreifen am Rand abschneiden. Das beiseite gestellte Ei mit 2 TL Sahne verrühren und die Teigstreifen damit bestreichen.
Die Blumenkohlpastete bei 200 °C 30–35 Minuten goldgelb bakken.
In 12 Stücke teilen und warm oder kalt servieren. 1 Stück Blumenkohlpastete entspricht 0,75 BE.

Nährwert für 1 Stück Blumenkohlpastete:
Eiweiß: 7 g · Fett: 22 g · KH: 109 g · BE: 0,75 · KJ: 781/Kcal: 187

Nährwert des ganzen Blumenkohlkuchens:
Eiweiß: 84 g · Fett: 268 g · KH: 126 g · BE: 9 · KJ: 9386/Kcal: 2243

Pizza mit Fenchel, Schafskäse und schwarzen Oliven

Zutaten für 1 Springform (26 cm Ø):
FÜR DEN HEFETEIG:
85 g kaltes Wasser · 6 g Hefe
½ TL Vollmeersalz · 120 g Weizenvollkornmehl
FÜR DEN BELAG:
250 g Fenchel · ½ TL gekörnte Gemüsebrühe
2 TL Olivenöl · ½ Tasse Wasser · 250 g Tomaten
70 g Tomatenmark · 1 TL Butter · Kräuter der Provence
Pfeffer aus der Mühle · Kräutersalz
100 g griechischer Schafskäse, in Streifen geschnitten
70 g Emmentaler, gerieben · 6–8 schwarze Oliven, entsteint

Wasser, Hefe, Salz und Mehl in die Küchenmaschine geben und 10 Minuten kneten. Mit einem feuchten Tuch abgedeckt 30 Minuten gehen lassen.
Inzwischen den Fenchel in ca. 1 cm breite Streifen schneiden und mit der Gemüsebrühe, 1 TL Olivenöl und der halben Tasse Wasser in einer Pfanne bei geöffnetem Deckel knapp gar dünsten. Dabei sollte die gesamte Flüssigkeit aufgebraucht werden. Ansonsten diese anderweitig verwenden. Den Fenchel abkühlen lassen.
Bei den Tomaten den Stielansatz keilförmig herausschneiden. Die Tomaten kurz in heißes Wasser legen, unter kaltem Wasser abschrecken, die Haut abziehen und grob würfeln.
Tomaten, Tomatenmark, 1 TL Olivenöl und die Butter mischen. Mit Kräutern der Provence, Pfeffer und Kräutersalz abschmecken.
Den Hefeteig auf das Blech legen, gleichmäßig auswellen und einen kleinen Rand hochziehen. Die Hälfte der Tomatensauce auf dem Boden verstreichen. Den Fenchel darüber verteilen. Mit der

restlichen Tomatensauce kleine Häufchen etwas verstreut auf den Fenchel setzen. Jedes Tomatenhäufchen mit einer Olive bestükken. Die Zwischenräume mit dem Schafskäse belegen und die ganze Pizza mit dem Emmentaler bestreuen.
Bei 200 °C die Pizza 25 Minuten backen. In 6 gleich große Stücke schneiden. Jedes Stück entspricht 1 BE.
Mit frischem Salat genießen.

Nährwert für 1 Stück Pizza:
Eiweiß: 11 g · Fett: 12 g · KH: 17 g · BE: 1 · KJ: 913/Kcal: 218

Nährwert der ganzen Pizza:
Eiweiß: 65 g · Fett: 72 g · KH: 100 g · BE: 6 · KJ: 5476/Kcal: 1309

Cholesterinarme Rezepte

Folgendes Gebäck eignet sich besonders gut für all diejenigen, die auf den Cholesterinspiegel achten müssen. In diesem Fall die Butter gegen ungehärtete Diätmargarine austauschen. Bei Pralinen und Plundergebäck kann die Butter aus geschmacklichen Gründen nicht ersetzt werden.

BUTTERGEBÄCK

MAKRONEN

LEBKUCHEN

PRALINEN UND ADVENTSKALENDER

STOLLEN, ZÖPFE UND HEFEKLEINGEBÄCK

WINTERKUCHEN – WEIHNACHTSTORTEN

HERZHAFTES FÜR DEN BUNTEN TELLER UND FÜRS SILVESTERBUFFET

• Bei allen mit einem Kreis versehenen Rezepten wird das Gebäck aus optischen Gründen vor dem Backen mit Eigelb bestrichen. In allen Rezepten kann das Eigelb durch etwas Milch oder Sahne ersetzt werden.

Sachgruppenregister

STOLLEN, ZÖPFE UND HEFEKLEINGEBÄCK

WINTERKUCHEN – WEIHNACHTSTORTEN

HERZHAFTES FÜR DEN BUNTEN TELLER UND FÜRS SILVESTERBUFFET

Alphabetisches Register